3. Wie leben Giraffen? Einzelne Kinder dürfen auf ihren Stuhl oder Tisch steigen – sie beschreiben, wie es »da oben« ist, so hoch über ihren Mitschüler/innen.
4. Anknüpfend an Wahrnehmungen der »Giraffen-Kinder« benennt die Lehrkraft Merkmale der Giraffe:

> Die Giraffe
> - braucht ein großes Herz, um das Blut durch den langen Hals bis in ihren Kopf zu pumpen.
> - hat einen so langen Hals, dass sie die Welt von oben sieht – sie erkennt Dinge, die andere nicht sehen können, und hat Abstand zu dem, was um sie herum geschieht.
> - nimmt den anderen Tieren kein Futter weg, weil sie die Blätter frisst, an die andere nicht herankommen.
> - lebt friedlich mit den anderen Tieren zusammen.

5. Anschließend wird die Giraffensprache eingeführt:
   »Wir sprechen von der ›Giraffensprache‹, wenn Menschen ein großes Herz haben, wenn sie ehrlich und freundlich sind und versuchen, den anderen zu verstehen. Die Giraffensprache hilft, wenn wir uns streiten oder unterschiedliche Meinungen haben.«

III. Lernen von der Giraffe – Merkmale der Giraffensprache

1. Die Kinder überlegen sich in einer Gruppenarbeit typische Konflikte. Diese werden auf Zetteln notiert – je Zettel ein Streitpunkt. Beachte: Keine aktuellen Probleme!
2. **Die vier Stühle**
   Zum Üben werden vier Stühle nebeneinander aufgestellt, an die Rückenlehne wird je ein Satzanfang gehängt: »Wenn du/Als du …« – »bin ich …« – »weil …« – »und ich möchte/wünsche mir …«. Die Lehrkraft erläutert, wie man in Giraffensprache Kritik formuliert – mithilfe der vorgegebenen Satzanfänge. Das Prinzip entspricht der begründeten Ich-Botschaft.

> **Merkmale der Giraffensprache**
> Ich sage dem anderen, was mich stört, ohne ihn zu beleidigen: »Wenn du ...« oder »Als du ...«
> Ich sage, was ich fühle: »bin ich ...« oder »war ich ...«
> Ich erkläre, warum mich das Verhalten stört: »weil ...«
> Ich sage, was ich mir für die Zukunft wünsche: »und ich möchte …« oder »und ich wünsche mir ...«

3. Die Lehrkraft demonstriert an einem einfachen Beispiel, wie die Kritik in Giraffensprache formuliert werden kann. Dabei setzt sie sich bei jedem Satzteil auf den jeweiligen Stuhl:
   »Wenn du einfach meinen Stift nimmst, ohne mich zu fragen, → bin ich wütend, → weil ich an meinen Stiften hänge, → und ich möchte, dass du mich in Zukunft fragst, wenn du etwas von mir willst.«
4. Die Kinder erhalten die Aufgabe, einige der Streitpunkte, die sie gefunden haben, in Giraffensprache zu formulieren. Beim Vortragen setzen sie sich – wie die Lehrkraft es vorgemacht hat – auf die vier Stühle.
5. Die Klasse gibt Rückmeldung: Hat die Formulierung überzeugt? Sonst dürfen Alternativvorschläge gemacht werden. Ist ein Satz gelungen, gibt es Applaus.
6. Ist genug geübt, dann werden die vier Satzanfänge in der Klasse aufgehängt, damit die Kinder den Ablauf vor Augen haben und im Klassenrat darauf zurückgreifen können.

   Tipp: Gerade jüngeren Schüler/innen fällt es oft schwer, ihre Gefühle zu begründen. Deshalb kann die Ich-Botschaft zunächst ohne Schritt drei, die Begründung, eingeführt und geübt werden.

Die Giraffensprache

(nach Marshall B. Rosenberg)

Ziel: Die Schüler/innen erkennen, dass es unterschiedliche Kommunikationsformen in Konflikten gibt. Sie lernen die Giraffensprache als eine Möglichkeit kennen, um in Konflikten Anliegen konstruktiv einzubringen und lösungsorientiert vorzugehen.

Dauer: 90 Minuten

Material und Vorbereitung: kleiner Ball, DIN-A4-Blätter, rote und blaue Stifte, → Karten zur begründeten Ich-Botschaft; Sitzkreis

Ihren Namen verdankt die »Giraffensprache« der Tatsache, dass die Giraffe unter den heute lebenden Landtieren dasjenige mit dem größten Herzen ist. Die auf Marshall B. Rosenberg (Gewaltfreie Kommunikation) zurückgehende Giraffensprache steht für eine Haltung, die dem Konfliktpartner gegenüber offen und freundlich ist, respektvoll und darum bemüht, die Gefühle und Beweggründe des anderen zu verstehen.
Wichtig ist, den Begriff der Giraffensprache zu Beginn der Übung nicht zu nennen!

I. Einstieg: Was tut dem Herzen gut?

»Wir lernen in den nächsten Tagen und Wochen, wie wir so miteinander umgehen können, dass es allen gut gehen kann. Wenn wir uns wohlfühlen, jemanden mögen und schöne Gefühle haben, dann sagen viele: Diese Gefühle kommen aus dem Herzen. Stellt euch einmal ein großes Herz vor. Was muss in diesem Herzen Platz haben, damit ihr euch wohlfühlen könnt?« (Formulierung in Anlehnung an BZgA 2002, S. 43)

1. Im Stehkreis erhält ein Kind einen kleinen Ball und nennt seine Idee. Dann wirft es den Ball einem anderen Kind zu – die Ideen werden nur gesammelt, nicht kommentiert.
2. Anschließend erhalten die Kinder ein DIN-A4-Blatt mit der Aufforderung, ein großes Herz aufzumalen: »Stell dir ein großes Herz vor: Was soll in diesem Herzen Platz haben, damit du dich wohlfühlst und gerne in der Schule bist?«
3. Die Blätter werden anschließend ausgelegt und die Kinder lesen, was den anderen eingefallen ist.

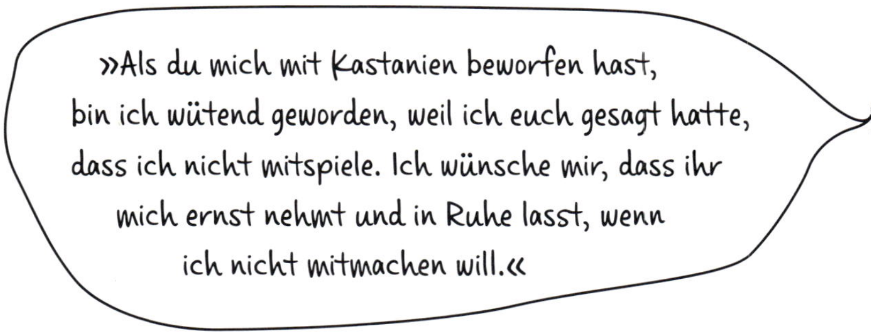

II. Einführung der Giraffensprache: Welches Tier hat das größte Herz?

1. Rätselfrage: »Welches Landtier hat das größte Herz?«
   Beachte: Es geht ausschließlich um auf dem Land lebende Tiere und um die tatsächliche Größe des Herzens, nicht um die Relation Körper – Herz.
2. Auflösung: Das größte Herz unter allen Landtieren besitzt die Giraffe. Das Herz einer Giraffe wiegt 12 Kilogramm und pumpt bis zu 75 Liter Blut pro Minute durch den Blutkreislauf.

Übung

Mein Anliegen für den nächsten Klassenrat

☐ Ich lobe ☐ Ich kritisiere ☐ Ich wünsche

____

____

weil

____

_______________________ _______________________
Datum Uhrzeit

Mein Anliegen für den nächsten Klassenrat

☐ Ich lobe ☐ Ich kritisiere ☐ Ich wünsche

____

____

weil

____

_______________________ _______________________
Datum Uhrzeit

Klassenratsprotokoll

vom:

Klassenratsleitung: ______________________________

Assistent/in: ______________________________

Zeitwächter/in: ______________________________

Regelwächter/innen: ______________________________

Protokollant/in: ______________________________

☐ Protokoll des letzten Klassenrats wurde verlesen
(nicht gelöste Probleme kommen auf die Tagesordnung)

Tagesordnungspunkte:

TOP 1: ______________________________
____

LÖSUNG: ______________________________
____

TOP 2: ______________________________
____

LÖSUNG: ______________________________
____

TOP 3: ______________________________
____

LÖSUNG: ______________________________
____

TOP 4: ______________________________
____

LÖSUNG: ______________________________
____

Regel des Monats

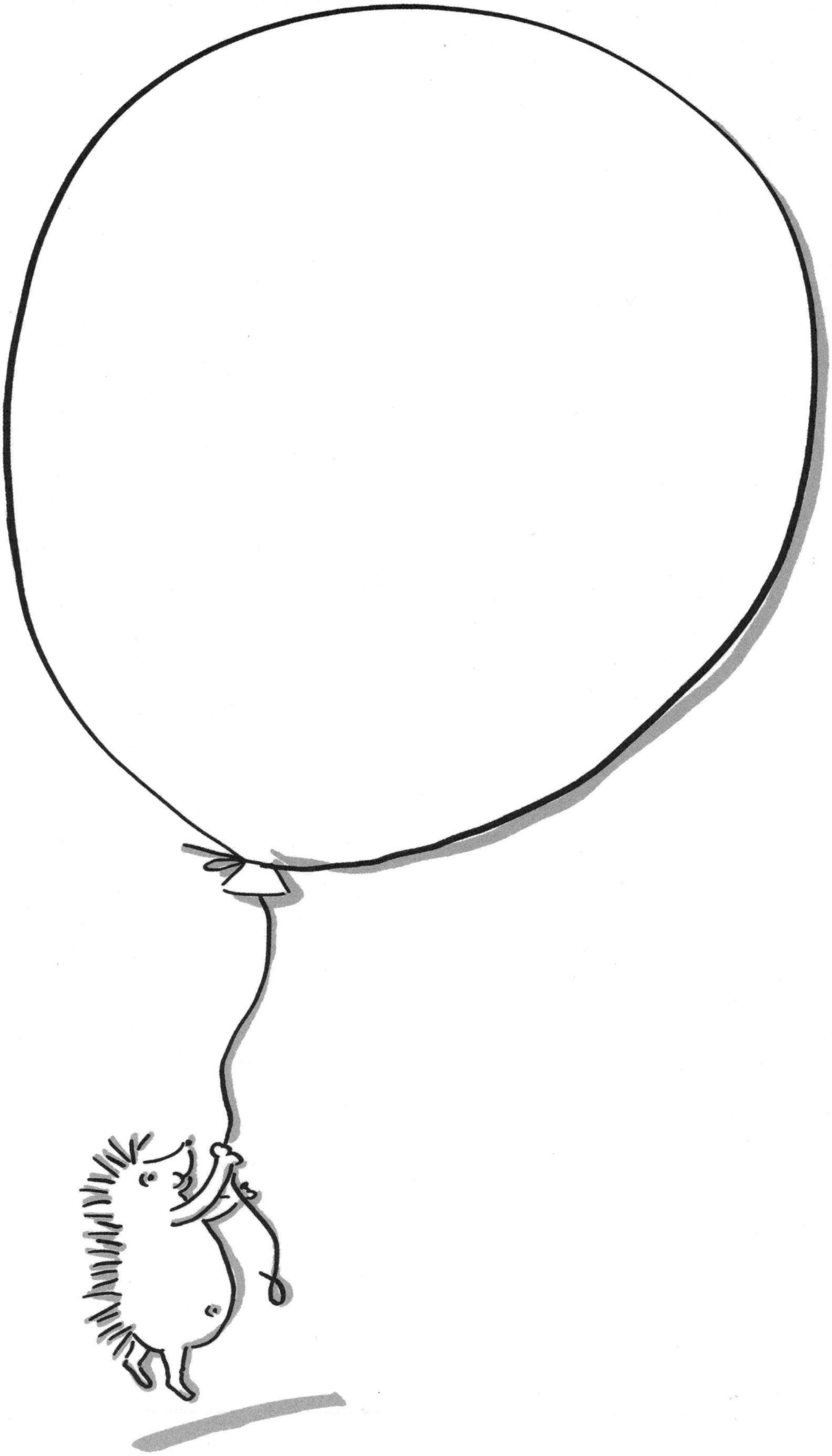

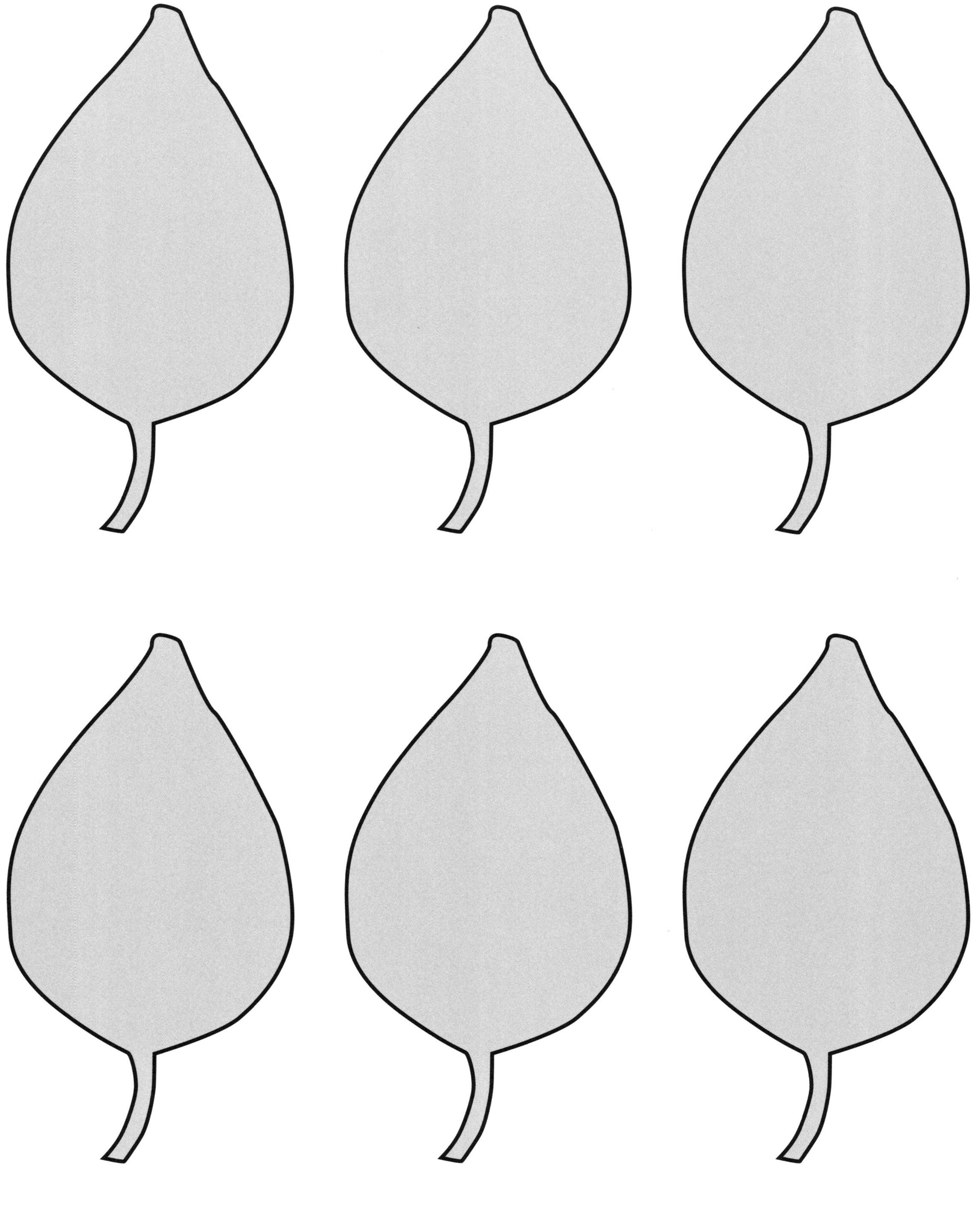

KV »Blätter« (Giraffen-Plakat) – Übung Wörterspeicher »Gefühle«

Wer? Mit wem?	Was?	Bis wann?	Erledigt!
			☐
			☐
			☐
			☐
			☐
			☐
			☐
			☐
			☐

Zielscheibe zum eigenen Verhalten im Klassenrat

Wenn mich etwas ärgert oder stört,
dann kritisiere ich das Verhalten,
nicht die Person.

Ich höre zu und versuche zu
verstehen, was die/der
andere meint.

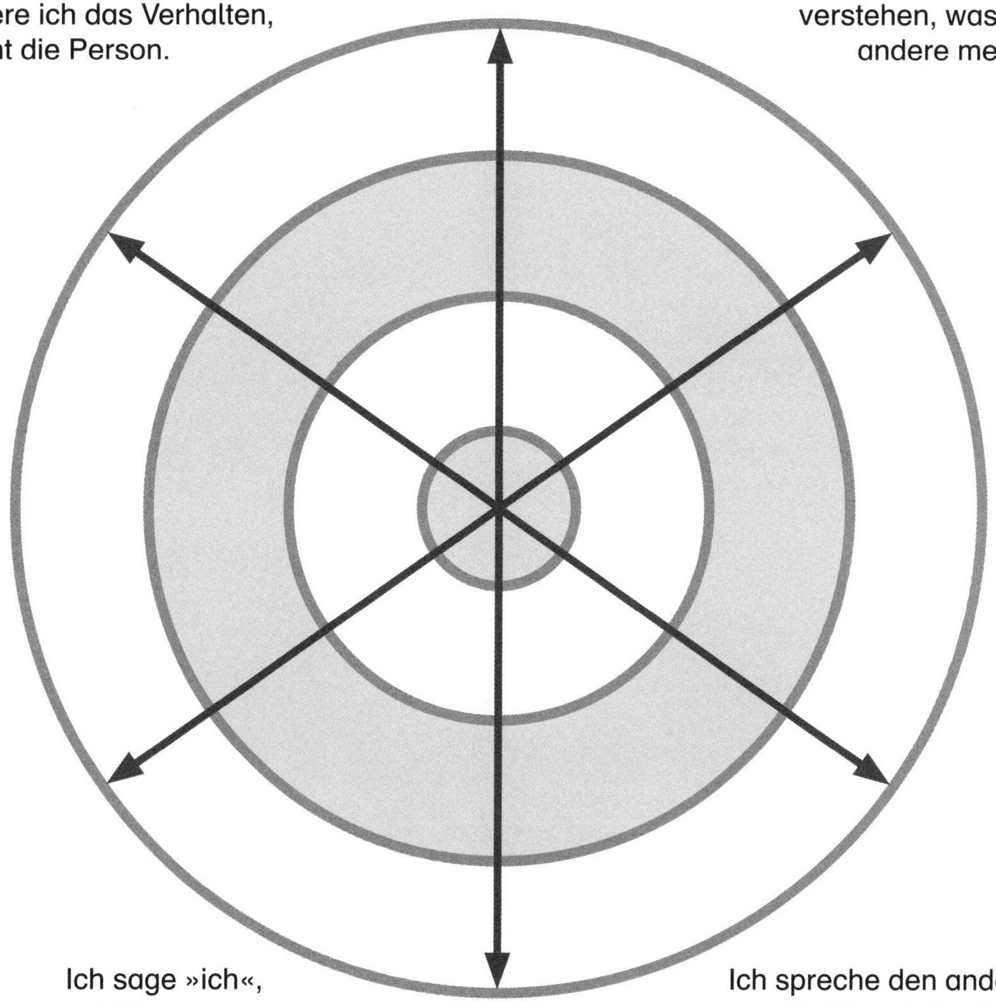

Ich vermeide Sätze
mit »immer«, »nie«,
»aber«, »alle«.

Ich halte mich an die
Beschlüsse des
Klassenrats.

Ich sage »ich«,
nicht »man«.

Ich spreche den anderen
direkt an (»Du«).

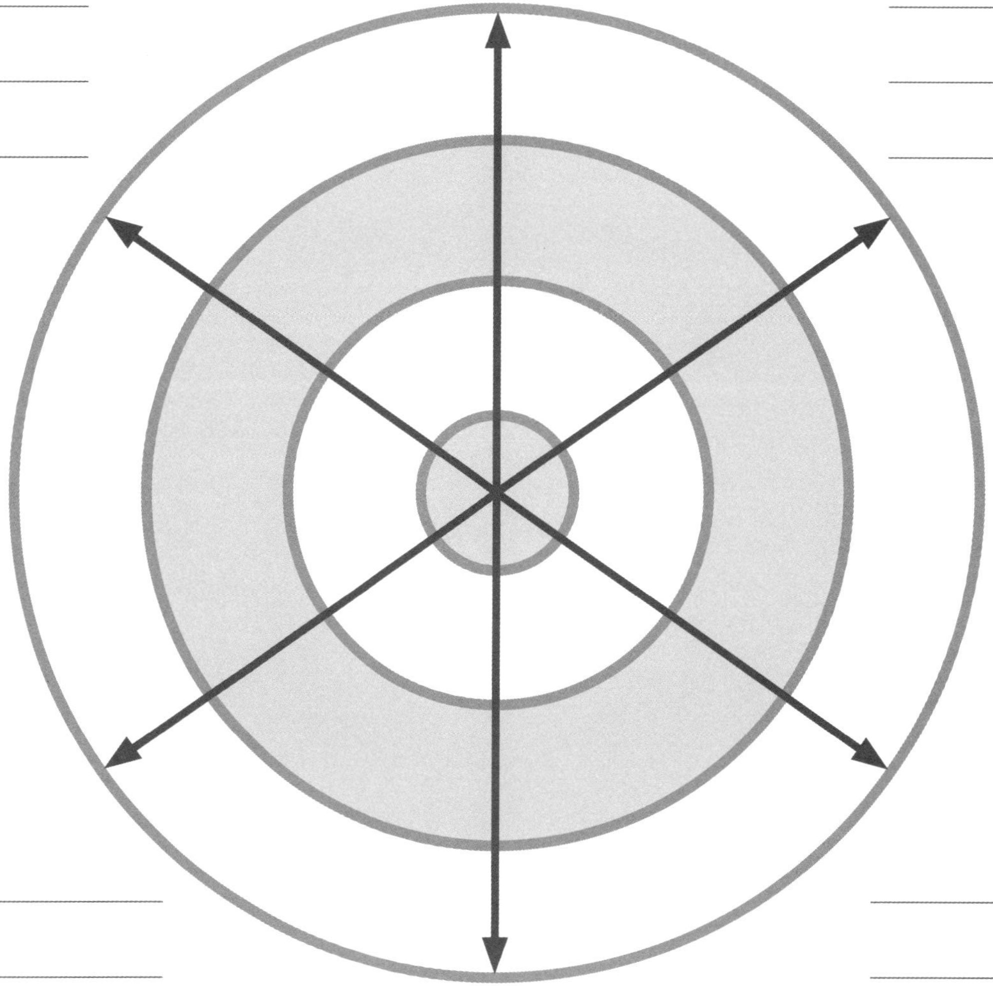

Gefühlsbilder: Gefühle zeigen

Ziel: Gefühle wahrnehmen und benennen können; erkennen, dass Menschen Gefühle auf unterschiedliche Weise zeigen

Dauer: ca. 15–20 Minuten

Material und Vorbereitung: → Gefühlskarten; Tische und Stühle an den Rand räumen, sodass eine freie Fläche entsteht

Die Schüler/innen werden in zwei gleich große Gruppen A und B eingeteilt. Die Gruppen stellen sich in zwei Reihen auf, einander gegenüber. Beide Reihen drehen sich mit dem Blick nach außen, also mit dem Rücken zueinander.

- Reihe A wird verdeckt eine Gefühlskarte gezeigt, ohne dass Reihe B diese sieht.
- Dann darf sich Reihe B wieder umdrehen, mit dem Blick zu Reihe A. Reihe A bleibt mit Blick nach außen stehen.
  Aufgabe Reihe A: »Stelle dir im Kopf vor, wie du das Gefühl ohne Worte darstellen wirst: Wie hältst du den Kopf? Wie ist deine Mimik? Wohin geht dein Blick? Welche Körperhaltung nimmst du ein? Wie hältst du die Arme und deine Hände? Wie stehst du?«
  Beachte: Jeder soll eine eigene Vorstellung entwickeln, reden ist deshalb nicht erlaubt.
- Wenn Sie den Eindruck haben, dass die Kinder der Reihe A ein inneres Bild entwickelt haben, kündigen Sie an: »Wir (Reihe B und Sie) werden jetzt gleich von fünf abwärts zählen. Dreht euch bei ›null‹ um und springt dabei in eure Haltung. Bleibt in der Haltung, bis ich sage, dass ihr euch lockern könnt.«
- Dann wird von fünf abwärts gezählt: »5 – 4 – 3 – 2 –1 – go!« Auf »go!« springt Reihe A in die Haltung des vorgegebenen Gefühls. Die anderen (Reihe B) versuchen, das entsprechende Adjektiv zu erraten. Reihe A verharrt währenddessen in der eingenommenen Haltung und reagiert nicht auf die Äußerungen der Mitschüler/innen.
- Ist die Stimmung erraten worden, dann bleibt Gruppe A noch im Freeze, der »eingefrorenen« Haltung. Die Frage an Gruppe B lautet: »Woran habt ihr das Gefühl ... erkannt?« Ziel ist, unterschiedliche Darstellungen in Mimik und Gestik zu erkennen.
- Anschließend werden die Gruppen gewechselt – nun erhält Gruppe B ein Adjektiv, das sie darstellen muss.

Übung

Reflexion: Wenn Menschen aufeinandertreffen, werden oft Gefühle ausgelöst. Was hast du bei der Übung in Bezug auf Gefühle beobachtet?

Erfahrung: Die Übung kommt aus dem Theaterbereich, sie macht Kindern und Jugendlichen in der Regel viel Spaß. Ihr Wert liegt zum einen in dieser lustvollen, positiv besetzten Beschäftigung mit dem »Tabu-Thema« Gefühle. Außerdem wird die Aufmerksamkeit auf nonverbale Kommunikation gerichtet – und die Schüler/innen begreifen, dass Menschen Gefühle ganz unterschiedlich zum Ausdruck bringen.

Wörterspeicher »Gefühle«

Ziel: Wortschatzerweiterung

Dauer: ca. 30 Minuten

Material und Vorbereitung: → KV »Blätter« in zwei Farben kopiert, Blätter ausschneiden (lassen), → (Giraffen-)Plakat zur Übung

Diese Übung schließt an die Übung »Gefühlsbilder: Gefühle zeigen« an. Man kann sie auch unabhängig davon einsetzen.

Aufgabe: »Bei der Übung ›Gefühlsbilder‹ habt ihr unterschiedliche Begriffe für Gefühle genannt. Einige davon liegen in ihrer Bedeutung nahe beieinander. Manchmal fehlt uns das richtige Wort, um ein Gefühl treffend auszudrücken. Deshalb möchte ich mit euch Namen für Gefühle sammeln.«

Vorgehen: Es werden per Zufallsprinzip Gruppen mit drei bis vier Kindern gebildet. In diesen Kleingruppen sammeln die Kinder Adjektive für Emotionen (»Gefühlswörter«) und notieren sie gut leserlich auf Blätter (siehe Vorlage), je Blatt ein Begriff. Positiv konnotierte Begriffe werden auf grüne Blätter geschrieben, negativ besetzte auf gelbe Blätter.
Beim Zusammentragen der Ergebnisse nennt die erste Gruppe ein Adjektiv und klebt das Blatt auf das Giraffen-Plakat zum »Gefühlsbaum«. Dann stellt die zweite Gruppe ein Adjektiv vor. Doppelnennungen sollten vermieden werden. Begriffe, die sich inhaltlich nahestehen, können nahe beieinander aufgehängt werden.
Bei der Übung »Giraffensprache« und im Klassenrat können die Kinder bei Lob und Kritik auf die »Gefühlswörter« als Formulierungshilfe zurückgreifen.

»Wenn ich glücklich bin, dann ...«

Ziel: Erkennen und Ausdrücken von Gefühlen

Dauer: ca. 20–30 Minuten

Material und Vorbereitung:
- → Gefühlskarten: fröhlich, traurig, wütend, begeistert, aufgeregt…
- → Karte: »Wenn ich ... bin, dann ...«
- → 5 Redepunkte (KV)
- Sitzkreis

Die Gefühlskarten und die »Wenn ..., dann …«-Karte werden verdeckt in die Kreismitte gelegt. Dann nennen Sie, ohne die entsprechende Karte aufzudecken, den unvollständigen Satz: »Wenn ich ... bin, dann …«, verbunden mit der Frage: »Wer hat eine Idee, wie dieser Satz weitergeht?«.
Oder spielerisch: »Ich habe vorhin in der Pause einen Satz gehört, aber das Ende nicht verstanden. Nun möchte ich von euch wissen, ob ihr eine Idee für das Ende habt. Verstanden habe ich nur: ›Wenn ich … bin, dann ...‹ Wie geht es weiter?«
Wenn die Kinder erkannt haben, dass im ersten Teil des Satzes ein Adjektiv fehlt, wird die »Wenn-dann-Karte« aufgedeckt. Nun darf das erste Kind eine Gefühlskarte ziehen, auf das Gefühlsfeld der »Wenn-dann-Karte« legen und den Satz vorlesen, zum Beispiel: »Wenn ich glücklich bin, dann ...«
Die Kinder, die den Satz für sich persönlich vervollständigen können, melden sich und werden durch das Kind, das die Gefühlskarte gezogen hat, drangenommen.

Tipp: Redepunkte
Um die Zahl der Meldungen zu reduzieren, können »Redepunkte« verteilt werden. Dafür erhält das Kind, das eine Gefühlskarte zieht, fünf »Redepunkte«, die es an Kinder, die sich melden, verteilt. Die Kinder erhalten in der Reihenfolge, in der sie einen Punkt erhalten haben, das Wort.

Alternative: Die Fünferkette
Material: eine feste Schnur (z. B. gewachster Schnürsenkel), 5 Holzperlen

Für jedes Kind, das drankommt, fädelt die/der Assistent/in eine Perle auf – wenn fünf Perlen aufgefädelt sind, ist deutlich: Jetzt muss das Thema gewechselt werden.

(Die Idee der Fünferkette stammt von Karin Gerstung, Albert-Schweitzer-Schule Langen, Quelle: Film »Demokratielernen in der Schule: Klassenrat«.)

Öffne die Faust

Ziel: Nachdenken über Strategien im Umgang mit Gewalt bzw. Konflikten; Erkennen, dass in Konflikten mit Freundlichkeit und unerwartetem Verhalten oft mehr erreicht werden kann als mit Gewalt

Dauer: ca. 5 Minuten plus Reflexionsgespräch

Material und Vorbereitung: zwei Reihen oder zwei Kreise, dann Sitzkreis

Die Schüler/innen bilden Paare, die sich gegenübersitzen. Kind A ballt die Faust und streckt diese Kind B entgegen.

Aufgabe für Kind B: Bringe A dazu, die Faust zu öffnen!

Erfahrung: Die Kinder machen in der Regel die Erfahrung, dass sich eine Faust nicht mit Gewalt öffnen lässt – eine freundliche Bitte oder auch humorvolle Strategien hingegen können zum Ziel führen.

Fragen zur Diskussion:

- Wie ist es euch bei der Übung ergangen?
- Welche Vorgehensweisen waren nicht erfolgreich?
- Wem ist es gelungen, die Faust zu öffnen? Was hat dabei geholfen?

Wochenabschluss-Kreis (WAK)

als Übung für die Lob- und Kritikrunden des Klassenrats

Ziel: Woche gemeinsam beenden; Vorbereitung auf »Lob« und »Kritik« im Klassenrat

Dauer: in Klasse 1 ca. 15 Minuten, in höheren Klassen 20–30 Minuten

Material und Vorbereitung: Erzählgegenstand; Sitzkreis

Freitags wird die Schulwoche in vielen Grundschulklassen mit einem Wochenabschluss-Kreis (WAK) beendet. Dieser gibt den Kindern Gelegenheit zu überlegen, was im Laufe der Woche passiert ist, was für sie schön war und was sie belastet. So üben sie sich mit der Zeit ein in Selbstreflexion, sie richten den Blick auf das Gute, lassen Belastendes in der Schule und können gut ins Wochenende starten.

Im Wochenabschluss-Kreis werden Erstklässler bereits mit Elementen vertraut gemacht, die zentral sind für den Klassenrat.

Die **positive Runde** kann wie folgt eingeleitet werden:
»In der letzten Woche haben wir wieder viel Zeit miteinander verbracht. Dabei haben wir auch viel gelernt und miteinander gespielt. Was hat dir davon gut gefallen? Möchtest du dich bei jemandem bedanken?«

Dann bekommt jeder die Gelegenheit, etwas zu sagen. Dabei sollte ein Erzählgegenstand herumgehen – nur wer ihn in der Hand hat, darf reden.

Die **Kritikrunde** kann mit folgender Formulierung eröffnet werden:
»Gab es denn auch Dinge, die dir nicht gefallen haben? Hat dich etwas geärgert oder warst du traurig?«

Werden an dieser Stelle Probleme deutlich, die mehrere Kinder belasten, sollten sie im Kreis aufgegriffen und mit allen besprochen werden mit dem Ziel, eine Lösung zu entwickeln. Individuelle Probleme können im Kreisgespräch oder im persönlichen Gespräch der Lehrkraft mit dem betroffenen Kind besprochen werden.

Der WAK endet mit der »›Ich wünsche dir ein schönes Wochenende‹-Kette«: Die Kinder stehen auf, dann werden im Kreis herum alle Kinder einzeln mit ihrem Namen angesprochen, nacheinander wünscht jedes Kind seinem Nachbarn im Kreis ein schönes Wochenende: »Liebe Lisa, ich wünsche dir ein schönes Wochenende.« Dann folgt ein Lied oder die Lehrkraft verabschiedet die Kinder: »Ich wünsche euch allen ein schönes Wochenende und freue mich darauf, euch am Montag wiederzusehen!«

Klassenrat einführen

Der 5-Schritte-Plan

Klassenrat anbahnen
Lehrer/in stellt das Konzept vor, hängt den Ablauf (→ Ablaufkarten) und die Wandzeitung (→ Plakat) aus, Kinder tragen im Laufe der Woche Anliegen für den ersten Klassenrat ein.

Ablauf erleben
Die Lehrkraft führt den Klassenrat durch, verweist dabei auf die jeweilige Phase des Klassenrats.

- Wenn die Phasen des Klassenrats an der Wand hängen, sollte bei jedem Phasenübergang auf das jeweilige Plakat (→ Ablaufkarte) verwiesen werden.

Einführung von Ämtern
Die Lehrkraft leitet den Klassenrat, gibt aber einzelne Aufgaben (Zeitwächter, …) an Kinder ab.

Klassenrat in der Hand der Kinder
Ein Kind übernimmt das Amt des Klassenratsleiters.

- Die Lehrkraft wählt ein geeignetes Kind als Klassenratsleiter/in aus.
- Wenn sich die Lehrkraft in den ersten Wochen neben die Klassenratsleitung setzt, kann sie bei Bedarf unauffällig Hilfestellungen geben.

Ziel: Klassenrat als Institution der Kinder
Die Kinder übernehmen alle Aufgaben eigenständig, die Lehrkraft ist normales Mitglied des Klassenrats. Ämter werden in regelmäßigem Rhythmus (z. B. zweiwöchentlich) gewechselt.

Ämter im Klassenrat

Tipps für die ersten Monate

Klassenratsleiter/in

- **Aufgabe:** Klassenrat eröffnen und beenden, Punkte der Tagesordnung aufrufen, Gespräch leiten (Anliegen vorlesen, Verfasser des Themas und anschließend ggf. Kritisierten drannehmen, zur Lösungsfindung überleiten, abstimmen lassen)
- **Einführungsphase:** Lehrer/in setzt sich neben die/den Klassenratsleiter/in und kann – sparsam – Hinweise geben und bei Unsicherheiten bzw. Fragen beraten

Assistent/in

- **Aufgabe:** Rednerliste führen (Meldungen notieren, in der Reihenfolge der Meldungen drannehmen; Namen derjenigen, die drangenommen wurden, durchstreichen)

Zeitwächter/in

- **Einführungsphase:** feste Zeitvorgaben
  - ein Thema sollte 10 Minuten nicht überschreiten (ggf. kürzere Frist vorgeben)
  - nach 8 Minuten ➜ Signalkarte »Tempo« hochhalten, dann muss die Klasse zur Lösungssuche übergehen

Protokollant/in

- **Aufgaben:**
  - Protokollkopf (➜ KV) ausfüllen
  - zu jedem Thema das Ergebnis in je einem Satz festhalten
  - nach dem Klassenrat: Zettel der ➜ Wandzeitung mitnehmen als Hilfe für die Erstellung des Protokolls; Protokoll anfertigen
- **Einführungsphase:** Nach einer thematischen Runde fragt die Lehrkraft die Klasse: »Wie kann XY (Protokollant/in) die Lösung im Protokoll wiedergeben?« Die Kinder können Vorschläge machen, der Protokollant wählt eine Formulierung aus.

2 Regelwächter/innen

- **Einführungsphase:** Es kann vorgegeben werden, auf welche Art von Regelverstöße an die Regelwächter/innen achten sollen (z. B.: keine direkte Anrede; Seitengespräche; reinrufen oder positiv: Was gelingt schon gut?). Die Vorgabe erfolgt durch die Lehrkraft oder als Entscheidung des Klassenrats.

Ämter wechseln

Regelmäßig werden die Ämter gewechselt, damit jedes Kind die Chance hat, Erfahrungen mit der jeweiligen Tätigkeit zu machen, eine wichtige Rolle im Klassenrat zu haben und Verantwortung zu übernehmen.
Der Rhythmus kann je nach Jahrgangsstufe und Klassenzusammensetzung variieren: Der zeitliche Rahmen, in dem ein Kind ein Amt übernimmt, sollte mindestens zwei Wochen betragen und maximal ein Vierteljahr (die Zeit zwischen zwei Ferien, z. B. von Sommer- bis Herbstferien).
Die Kinder, die ein Amt innehaben, wählen ihre Nachfolger/innen. Dabei gilt:

- Mädchen nehmen Jungen dran, Jungen nehmen Mädchen dran.
- Man darf erst dann zum zweiten Mal für das jeweilige Amt gewählt werden, wenn alle Interessenten einmal dran waren.

Klassenratsregeln

Tipps für den Umgang mit Regeln

1. **Überschaubarkeit:** Beschränken Sie sich auf maximal fünf Regeln. Wenn eine Regel klappt, kann sie auf dem Regelplakat (→ »Unsere Regeln«) durch eine neue ersetzt werden.
2. **Fokussierung:** Manchmal fällt es schwer, fünf Regeln zu beachten. Dann wählt die Klasse eine »Regel des Monats«, die auf ein gesondertes Plakat (→ KV »Regel des Monats«) geschrieben, einen Monat lang ausgehängt und besonders beachtet (»trainiert«) wird.
3. **Partizipation:** Entwickeln Sie die Regeln möglichst gemeinsam mit den Kindern. Das bedeutet nicht, dass alle Regeln von den Kindern kommen müssen – auf eine Regel wie »Sprich den anderen mit ›Du‹ an« kommen Kinder nicht von allein. Deshalb gilt: Auch Lehrer/innen dürfen Regeln vorschlagen – und sollten erklären, warum sie diese Regeln für hilfreich halten.
4. **Verbindlichkeit:** Formulieren Sie Regeln in der Ich-Form, knapp und, wenn möglich, positiv (also: statt »Ich führe keine Seitengespräche!« besser »Ich bin leise und höre zu!«).
5. **Transparenz:** Hängen Sie die Regeln gut sichtbar im Klassenzimmer auf.

Wie entwickle ich mit meiner Klasse die Klassenratsregeln?

Einstieg: »Kopfstandmethode«

Die »Kopfstandmethode« stellt Denkgewohnheiten »auf den Kopf«. Im Fall von Regeln bedeutet dies: Wir sprechen nicht über sinnvolle Regeln, sondern über deren Gegenteil. Ein Impuls kann demgemäß lauten: »Wie muss ich mich verhalten, damit der Klassenrat nicht gut läuft und wir ihn am liebsten abschaffen würden?«

Die Methode hat den Vorteil, dass sie zum eigenständigen Denken anregt – während die Frage nach Regeln häufig dazu führt, dass Kinder »herunterbeten«, was sie beigebracht bekommen haben, ohne sich gedanklich damit zu befassen. Der Weg ex negativo hingegen knüpft an negative Erfahrungen an und macht bewusst, welche Verhaltensweisen destruktiv sind. Der Weg zu sinnvollen Regeln ist dann nicht mehr weit.
Nach der Methode »think-pair-square-share« aus dem Bereich des Kooperativen Lernens entwickeln die Kinder anschließend Regeln, die wichtig sind, um im Klassenrat gut miteinander arbeiten zu können: Zunächst überlegt sich jedes Kind in Einzelarbeit drei bis fünf Regeln, anschließend tauschen sich jeweils zwei Kinder aus und einigen sich auf maximal vier Regeln, schließlich werden in Vierergruppen fünf Regeln gefunden und auf Karten notiert. Die Kleingruppen tragen ihre Ergebnisse im Plenum vor und hängen ihre Karten an der Tafel aus. Ein Kind oder die Lehrkraft sortiert die Karten so, dass Karten, die inhaltlich zusammenhängen, nah beieinander hängen, Karten mit (nahezu) identischem Inhalt werden übereinandergehängt.

Am Ende stimmen die Kinder darüber ab, welche Regeln aufs Regelplakat kommen sollen. Dafür erhält jedes Kind vier Klebepunkte, die es auf die Karten mit Regeln, die es besonders wichtig findet, klebt.
Die Formulierungen der Kinder werden durch die Lehrkraft im Sinne von Punkt 4 (Verbindlichkeit) der »Tipps für den Umgang mit Regeln« überarbeitet.

Vorschläge für Klassenratsregeln

(vgl. dazu auch den Abschnitt »Regeln« in der »Kurzanleitung zum Klassenrat«)

1. Wenn jemand spricht, höre ich zu.
2. Wenn ich etwas sagen möchte, melde ich mich und warte, bis ich an der Reihe bin.
3. Ich gehe freundlich (alternativ: respektvoll) mit meinen Mitschüler/innen um.
4. Alternative zu 3.: Ich lache niemanden aus und beleidige nicht.
5. Ich spreche andere direkt an.
6. Wenn ich etwas zum Gesprächsverlauf sagen möchte, melde ich mich mit beiden Händen. Dann werde ich als Nächste/r drangenommen.
7. Wir sprechen nur über die Themen der Wandzeitung.

»Wenn ich

Gefühlskarte

bin, dann …«

Wenn du …

bin ich ...

weil ...

und ich möchte …

KLASSENRAT
So geht's!

1 Eröffnung des Klassenrats

2 Von schönen Erlebnissen erzählen

3 Verlesen des Protokolls

4 Wechsel der verschiedenen Ämter

5 Besprechung der Themen der Wandzeitung

6 Beenden des Klassenrats

KLASSENRAT

So geht's!

1 Eröffnung des Klassenrats

2 Verlesen des Protokolls

3 Wechsel der verschiedenen Ämter

4 Besprechung der Themen der Wandzeitung

5 Beenden des Klassenrats

Hiermit eröffne ich den Klassenrat!

Hiermit eröffne ich den Klassenrat!

Das war schön!
Positive Runde

Das war schön!
Positive Runde

Protokoll vom...

Protokoll vom...

Ämter
Klassenbuch
Klassen-
rat

Ämter
Klassen-
buch
Klassen-
rat

noch aktuell?
WANDZEITUNG KLASSE ...
LOB
KRITIK
WÜNSCHE

noch aktuell?
WANDZEITUNG KLASSE ...
LOB
KRITIK
WÜNSCHE

Ich wünsche mir ...

Ich wünsche mir ...

Hiermit beende ich den Klassenrat!

Hiermit beende ich den Klassenrat!

Materialübersicht

Plakate

1 Plakat
»Wörterspeicher
›Gefühle‹«
(DIN A1)

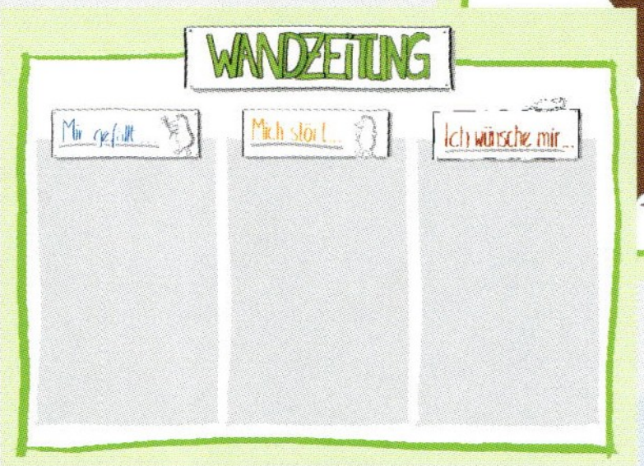

1 Plakat
»Wandzeitung«
(DIN A1)

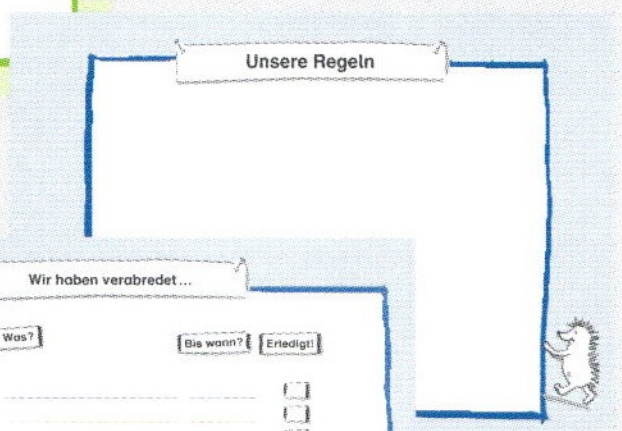

1 Plakat
»Unsere Regeln«
(DIN A2)

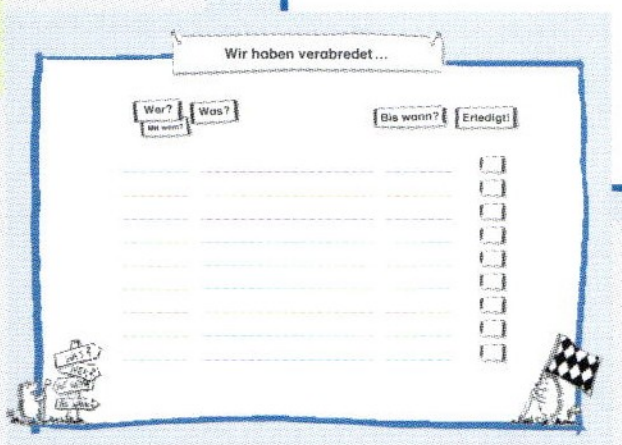

1 Plakat
»Wir haben verabredet«
(DIN A2)

Booklet

1 Booklet
(DIN A5)

Kopiervorlagen

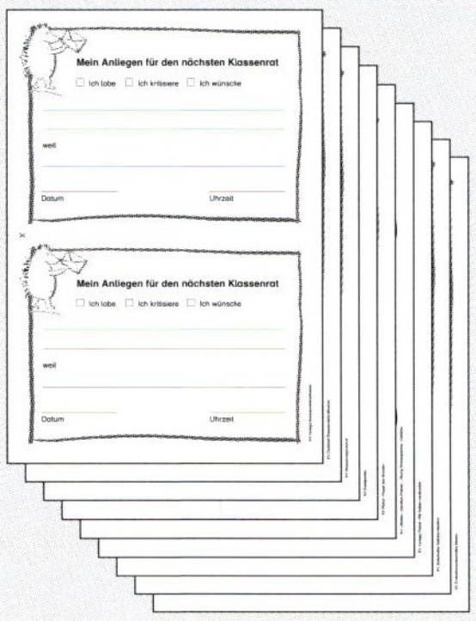

9 Kopiervorlagen (DINA4, auch als Downloadmaterial vorhanden)

➜ Download auf der Produktseite unter www.beltz.de, Kennwort: KLAg_F54

Rollenkarten

8 Rollenkarten als Aufsteller
(DIN A4, falzen auf DIN A5)

Signalkarten

4 Signalkarten (DIN A5)

1 Gelbe Karte

1 Rote Karte

1 Veto-karte

1 Zeit-wächter-Karte
»Tempo«

Übersicht Klassenrat

7 Ablaufkarten zur Übersicht zum Aushängen (DIN A4)

Übersicht über den Ablauf des Klassenrats in 2 Versionen
(DIN A4)

Karten für die Lehrperson

6 Methoden-Karten (DIN A4)

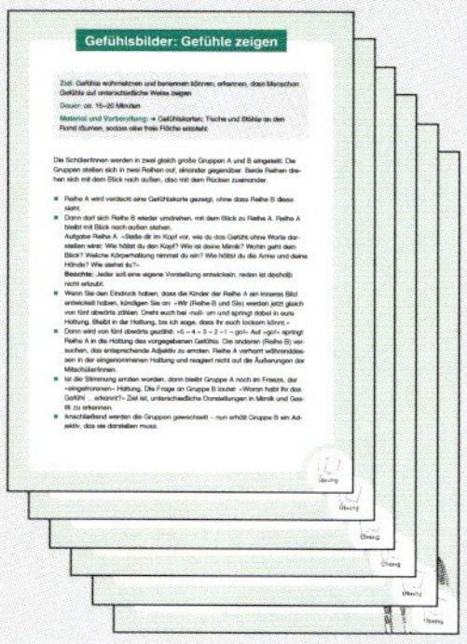

3 Info-Karten (DIN A4)

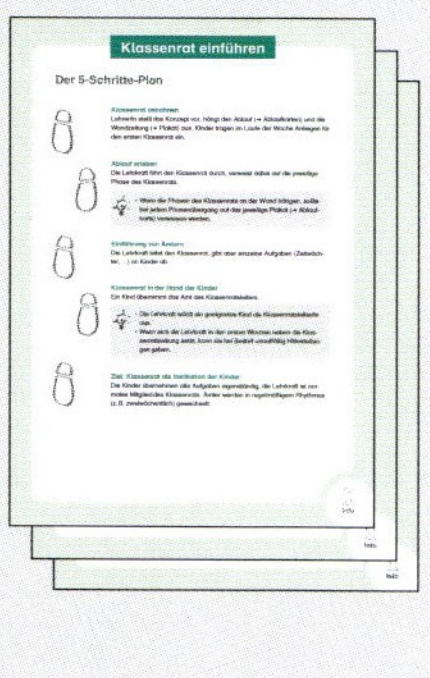

Übungsmaterial

1 Karte zur Übung »Wenn ich glücklich bin, dann …«
(DIN A4)

4 Karten zur Übung
»Die Giraffensprache« (DIN A4)

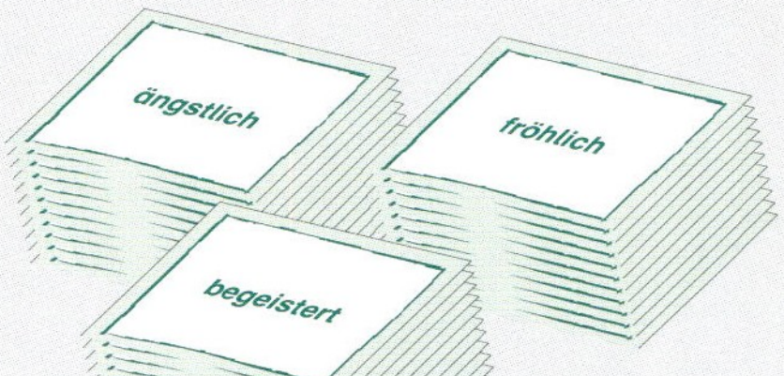

28 Gefühlskarten
(DIN A5)
zur Übung
»Gefühlsbilder:
Gefühle zeigen«

Klassenratsleiterin

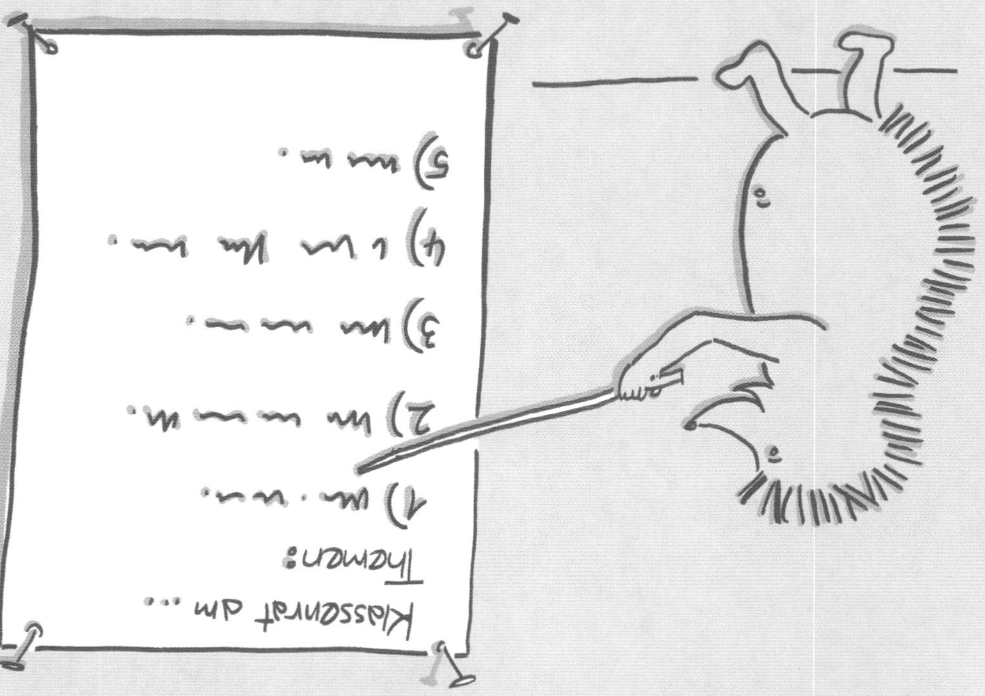

Klassenratsleiter

Protokollantin

Protokollant

Zeitwächter

Zeitwächterin

Assistent

Assistentin

Beobachter

Beobachterin

Beobachter

Beobachterin

Regelwächter

Regelwächterin

Regelwächter

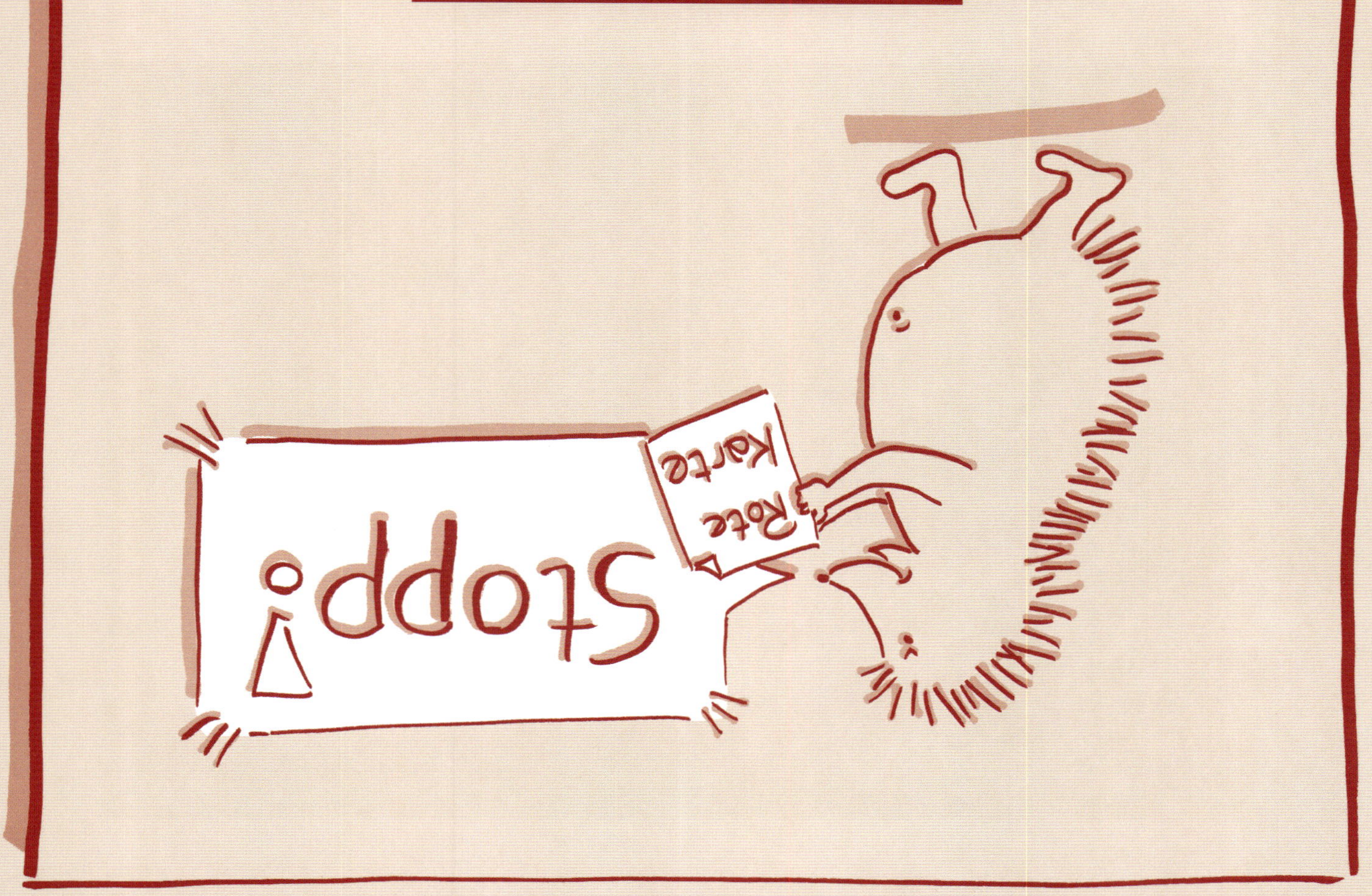

Regelwächterin

Veto

ängstlich

ärgerlich

aufgeregt

beeindruckt

begeistert

beleidigt

beunruhigt

einsam

enttäuscht

erschöpft

erstaunt

fröhlich

schüchtern

traurig

verunsichert

wütend

erleichtert

vergnügt

fasziniert

gelassen

glücklich

stolz

unsicher

verzweifelt

zufrieden

nachdenklich

zuversichtlich

dankbar

VORBEMERKUNGEN

Es freut mich, dass Sie die »Praxisbox Klassenrat für die Grundschule« erworben haben, denn dies lässt mich vermuten: Sie haben schon eine Vorstellung davon, was Klassenrat bedeutet, und wollen nun mit Ihrer Klasse loslegen! Das Praxisset möchte Sie dabei unterstützen, indem es alles enthält, was Sie zur Durchführung des Klassenrats benötigen.

Der Klassenrat ist ein Ritual mit großem Gestaltungsspielraum. In diesem Heft stelle ich Ihnen eine »Basisversion« vor, die sich bewährt hat und für den Einstieg eignet. Jede Lehrperson und jede Klasse entwickelt mit der Zeit ihre eigene Form, die für sie passt.

Als ich dem Klassenrat 1995 an der Offenen Schule Waldau begegnete und ihn zum Thema meiner Dissertation machte, wäre ein solches Praxisset undenkbar gewesen: An Regelschulen war der Klassenrat nahezu unbekannt. Über 20 Jahre später sieht die Lage anders aus, wie ich aus vielen Lehrerfortbildungen weiß: Für eine zunehmende Zahl von Kolleg/innen[1] aller Schulformen ist Klassenrat ein wichtiges Element ihrer Klassenleitung, und das bereits ab Klasse 1. Und viele Schüler/innen möchten auf Klassenrat nicht mehr verzichten.

Allerdings nehme ich auch wahr: Nicht alles, was »Klassenrat« genannt wird, verdient diesen Namen. Klassenrat ist weit mehr als eine Unterrichtstechnik, entscheidend ist die Haltung der Lehrperson: Kinder ernst nehmen mit ihren Anliegen, Wünschen, Gefühlen und Sorgen, sie in wichtigen Fragen mitsprechen und (mit-)gestalten lassen und sich darauf einlassen, dass Kinder und Jugendliche andere Lösungsansätze haben als Erwachsene, das sind wichtige Voraussetzungen für das Gelingen des Klassenrats.

Deshalb finden Sie in diesem Einführungsheft beides: Hinweise zur konkreten *Umsetzung* des Klassenrats und grundlegende Gedanken zur *Philosophie* des Klassenrats, zu Hintergründen und Zielen. Mit Letzterem werde ich beginnen. Denjenigen, die tiefer einsteigen möchten, sei mein »Praxisbuch Klassenrat« (Beltz ²2014) empfohlen.

Klassenrat bedeutet:

- Als Lehrer/in ermögliche ich meinen Schüler/innen, ihr Zusammenleben und Lernen in der Klasse und an der Schule entscheidend mitzugestalten.
- Sie bestimmen die Themen, leiten den Klassenrat, halten Ergebnisse fest und sorgen für deren Umsetzung.
- Ich bin bereit, Verantwortung abzugeben und mich auf Entscheidungen der Klasse einzulassen.

1 Aus Gründen der Lesbarkeit verzichte ich zum Teil auf gendergerechte Sprache.

WAS IST KLASSENRAT?

Der Klassenrat ist eine Einrichtung, in der die Schülerinnen und Schüler ihre Anliegen eigenständig regeln. Sie bestimmen die Themen und leiten den Klassenrat. Es geht um folgende Bereiche:

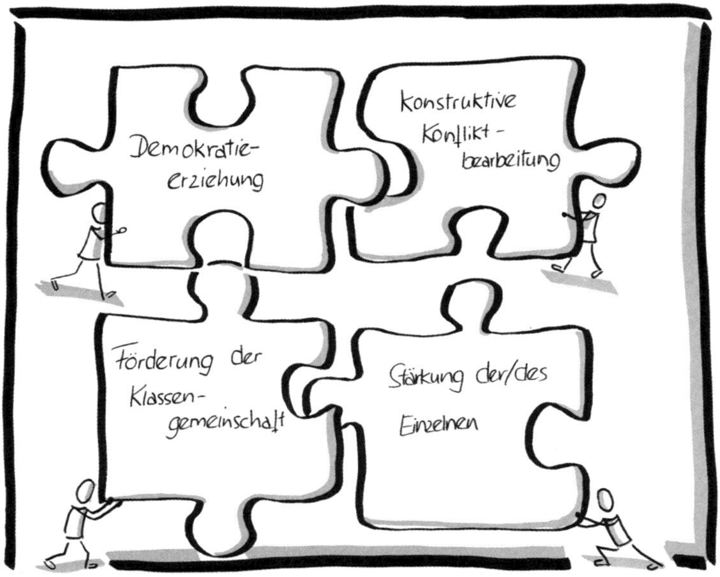

Klassenrat ist Demokratie auf Klassenebene. Die Kinder machen im überschaubaren Rahmen ihrer Klasse wichtige Erfahrungen mit Demokratie und erleben:

- Ich kann das Zusammenleben in meiner Klasse aktiv mitgestalten, wenn ich meine Wünsche und Kritik einbringe und meine Meinung nachvollziehbar vortrage.
- Als Teil einer Gemeinschaft muss ich mich auch mit Mehrheitsentscheidungen abfinden, die nicht meinen Interessen entsprechen.

Anhand von Themen, die die Schüler/innen selbst bestimmen, werden grundlegende Kompetenzen eingeübt: Partizipationsfähigkeit, konstruktive Konfliktlösung, Empathie, Toleranz und Verantwortungsbewusstsein, aber auch Fertigkeiten wie Diskussionsleitung und Protokollführung.

DAS KLASSENRATS-SET

Im Folgenden finden Sie eine Auflistung der Materialien und Anregungen zu deren Einsatz, orientiert an Phasen des Klassenrats (siehe auch das Blatt »Materialübersicht«).

Vorabinformation für die Lehrkraft

- *Infokarte »Klassenrat einführen – der 5-Schritte-Plan«:* »Wie führe ich den Klassenrat mit einer neuen Klasse ein?« ist eine häufige Frage bei Klassenratsfortbildungen. Für die Einführung des Klassenrats habe ich deshalb ein Konzept entwickelt, das die Kinder in fünf Schritten dazu befähigt, ihren Klassenrat eigenständig durchzuführen.

Vorbereitung des Klassenrats

- Das *Plakat »Wandzeitung«* dient der Themensammlung für den nächsten Klassenrat. A4-Blätter können mit einem ablösbaren Klebestift angebracht werden.
- Alternativ zur Themensammlung an der Wandzeitung sind beigefügt:
  - *KV Vorlage Klassenratsbriefkasten* für Klassen, die Themen in einem Briefkasten sammeln, und
  - *KV Deckblatt Klassenratsbriefkasten,* das man auf den »Briefkasten« kleben kann.
- Die *Motivkarten »Ablauf des Klassenrats«* visualisieren die Phasen des Klassenrats und können im Klassenraum aufgehängt werden, z. B. an einer Wäscheleine.

Durchführung des Klassenrats

Schülerkarten

- *Rollen- bzw. Ämterkarten zum Aufstellen* vor dem Platz der Schüler/innen, die ein Amt im Klassenrat übernehmen, und
- *Signalkarten,* die diese unterstützend einsetzen können, sind im Folgenden (siehe unten) beim jeweiligen Amt aufgeführt.
- Die *Signalkarte »Veto«* kann in die Mitte des Kreises gelegt und gezogen werden, wenn ein Kind nicht möchte, dass Kritik an ihm im Klassenrat behandelt wird.

Klassenratsleiter/in

- Ämterkarte *Klassenratsleiter/in*
- *Ablaufkarte »Klassenrat – so geht's«:* Dieses Merkblatt ist für die Hand des Klassenratsleiters gedacht – es informiert über den Ablauf des Klassenrats. Im Klassenrat orientiert sich die Leitung an dieser Vorlage – und kann mit einem Setzstein oder einer Klammer markieren, in welcher Phase des Klassenrats man sich gerade befindet. Es gibt zwei Ablauf-Varianten zur Auswahl: mit und ohne »Positive Runde«.

Assistent/in

- *Ämterkarte Assistent/in*

Protokollant/in

- *Ämterkarte Protokollant/in*
- *KV »Klassenratsprotokoll«*

Regelwächter/in

- *2 Ämterkarten Regelwächter/in*
- *Signalkarten »gelbe Karte«, »rote Karte«, die bei »Störungen« hochgehalten werden können*

Zeitwächter/in

- *Ämterkarte Zeitwächter/in*
- *Signalkarte »Tempo«, die diese/r bei Bedarf hochhalten kann – auf diese Weise wird verbales Eingreifen ins Kreisgespräch unnötig*

Beobachter/in

- *2 Ämterkarten Beobachter/in*

Material für die Lehrkraft

- Die *Infokarte »Ämter im Klassenrat – Tipps für die ersten Monate«* gibt einen Überblick über die verschiedenen Aufgaben, die mit jedem Amt verbunden sind, und Tipps zu deren Einführung.
- Die *KV Redepunkte* dient der Regelung der Beteiligung bei Kreisgesprächen: Um die Anzahl der Beiträge zu einem Thema zu reduzieren, kann eine festgelegte Zahl von Redepunkten an Kinder verteilt werden, die sich melden (siehe Übungskarte »Wenn ich glücklich bin, dann …«), zum Beispiel fünf Redepunkte je (Themen-)Runde. Dabei gilt die Regel: Ein Kind bekommt erst dann einen zweiten Redepunkt, wenn sich niemand mehr meldet, der noch nicht dran war.

Soziale Kompetenzen im Klassenrat trainieren

- Die *Infokarte »Klassenratsregeln – Tipps für den Umgang mit Regeln«* bietet Hinweise für die Lehrkraft, wie sie mit der Klasse Klassenratsregeln entwickeln kann.
- Auf dem *Plakat »Unsere Regeln«* werden die wichtigsten Regeln festgehalten, die im Klassenrat berücksichtigt werden sollten. Gerade bei jüngeren Schüler/innen ist es hilfreich, Regeln gut lesbar auszuhängen.
- *KV Plakat »Regel des Monats«:*

> *Tipp:* Möchte man mit der Klasse einzelne Regeln besonders trainieren, empfiehlt es sich, für eine begrenzte Zeit ein Regelplakat mit einer einzigen Regel auszuhängen – und es dann gegen ein anderes Regelplakat auszutauschen. Lassen Sie doch dieses Plakat von zwei Kindern beschriften und kolorieren.

- Auf den *Methodenkarten für die Lehrperson* finden sich Anleitungen zu Übungen zur Förderung der Gesprächskompetenzen:
  - Übung *Gefühlsbilder: Gefühle zeigen* mit *Gefühlskarten*
  - Übung *Wörterspeicher »Gefühle«* mit (*Giraffen-)Plakat* und einer *KV mit Vorlage-Blättern* zur Übung
  - Übung »*Wenn ich glücklich bin, dann …*« mit einer Vorlagekarte zur Übung (und *Gefühlskarten*)
  - Übung *Öffne die Faust*
  - Übung *Wochenabschluss-Kreis (WAK)*
  - Übung *Die Giraffensprache* (Marshall B. Rosenberg) mit *Karten zur begründeten Ich-Botschaft*
- *Projekt-Plakat »Wir haben verabredet …«:* Im Klassenrat planen Kinder Unternehmungen und andere Vorhaben wie den Verkauf eigener Arbeiten für einen guten Zweck, die Teilnahme an einem Wettbewerb, eine Lesenacht oder einen Ausflug. Wichtig ist, dass festgehalten wird und präsent bleibt, wer welche Aufgabe übernommen hat – und dass deren Umsetzung dokumentiert wird. Das Plakat ist zum Aushängen in der Klasse gedacht – im Klassenrat wird kontrolliert, ob die Absprachen eingehalten wurden, und gegebenenfalls an Aufgaben erinnert. Zum Wiederverwenden des Plakats ist eine *Kopiervorlage* beigelegt, die in die Mitte des Plakats geklebt werden kann (mit ablösbarem Klebestift, z. B. Scotch Removable Stick).
- Zwei *Evaluations-Zielscheiben* können helfen, das eigene Verhalten zu reflektieren (*KV Zielscheibe Selbstevaluation*) und Abläufe im Klassenrat zu optimieren (*KV Evaluationszielscheibe blanko*).

Was brauchen Sie für den Klassenrat?

Das Set enthält alles, was Sie im Klassenrat benötigen. Ergänzend empfehle ich zur Anschaffung:

- *2 Klemmbretter DIN A4* (für den Protokollanten und den Assistenten)
- *ein Klassentagebuch* (unliniertes Buch im Format DIN A4, in dem Erlebnisse der Klasse durch Fotos und eigene Texte festgehalten werden und die Klassenratsprotokolle eingeklebt werden) oder einen Ordner zum Sammeln der Protokolle
- *einen Setzstein*, den der Klassenratsleiter auf dem Merkblatt »Klassenrat – so geht's!« auf den Punkt setzt, an dem sich die Klasse aktuell befindet, um den Überblick zu behalten: Wo stehen wir gerade? Alternativ: Wäscheklammer zur Markierung verwenden

- falls Ihre Klasse anstelle einer Wandzeitung *einen Briefkasten* bevorzugt: einen Karton oder Briefkasten, um die Anliegen der Kinder für den nächsten Klassenrat darin zu sammeln (*KV Deckblatt Klassenratsbriefkasten*)
- ein *Ruhesignal* (z. B. Klangstab oder Klangschale), das Sie im Unterricht regelmäßig einsetzen, um Ruhe zu erzeugen – dieses Ruhesignal bekommt im Klassenrat die Leitung

AUFGABEN DES KLASSENRATS

Demokratieerziehung

41 Prozent der Jugendlichen in Deutschland bezeichnen sich selbst als »politisch interessiert«, so lautet ein zentrales Ergebnis der Shell Jugendstudie von 2015 – eine erfreuliche Entwicklung gegenüber 30 Prozent im Jahre 2002. Trotz anhaltender Politikverdrossenheit interessieren sich Jugendliche »wieder mehr für gesellschaftspolitische aktuelle Themen. Daraus resultiert ein stärker werdendes Bedürfnis, an Gestaltungsprozessen mitzuwirken.«[2] Die Bereitschaft, sich zu engagieren, richtet sich sowohl auf das persönliche Umfeld als auch auf das Gemeinwohl. Aber: Partizipation muss auch gelernt werden, frühzeitig!

Demokratieerziehung ist eine bedeutsame Aufgabe von Schule, ihr staatsbürgerlicher Auftrag.

> »Schon in der Grundschule sollen Kinder Partizipation einüben und […] lernen, dass die Demokratie den Menschen die Möglichkeit eröffnet, für sich selbst und die Gemeinschaft Verantwortung zu übernehmen […]« (KMK 2009, S. 2).

Und: Gremien wie der Klassenrat sind spätestens seit der Ratifizierung der UN-Kinderrechtskonvention vom 20.11.1989 unverzichtbar, denn in Artikel 12 heißt es:

> (1) Die Vertragsstaaten sichern dem Kind, das fähig ist, sich eine eigene Meinung zu bilden, das Recht zu, diese Meinung in allen das Kind berührenden Angelegenheiten frei zu äußern, und berücksichtigen die Meinung des Kindes angemessen und entsprechend seinem Alter und seiner Reife.[3]

2 Flyer zur Shell Jugendstudie (2015), S. 3
3 UN-Kinderrechtskonvention (1989)

Im Klassenrat erleben Kinder und Jugendliche kontinuierlich in einem für sie überschaubaren Rahmen, wie Demokratie funktioniert und dass es auf sie selbst ankommt, auf jeden Einzelnen.

Konflikte konstruktiv bearbeiten

Ein zweiter Pfeiler des Klassenrats ist die konstruktive Konfliktbearbeitung.

Ein Zusammenleben ohne Konflikte ist nicht denkbar, weil Menschen unterschiedliche Bedürfnisse und Wertvorstellungen haben. Dennoch wird der Austragung von Konflikten in Schulen oft kaum Raum gegeben. Dabei lohnt sich dies, in mehrfacher Hinsicht.

1. Es gibt eine Phase im »Leben« einer Klasse, in der besonders intensiv ausgehandelt wird, wer welchen Status hat und welche Regeln gelten sollen. Sozialwissenschaftler bezeichnen diese Phase als »storming« und »norming« (Tuckman 1965), zu Deutsch: Gärung und Klärung.
2. Wenn Schüler/innen in der Phase des *Storming* und *Norming* (in neu zusammengesetzten Klassen erfahrungsgemäß die Monate nach den Herbstferien) ein geschützter Raum gegeben wird, in dem sie Konflikte in guter Weise lösen und Regeln aushandeln können, lässt sich in Zukunft gut mit der Klasse arbeiten. Dafür jedoch müssen die Kinder lernen, dass Meinungsverschiedenheiten normal sind und wie diese konstruktiv ausgetragen werden können.
3. Konnten die Kinder in der Phase des *Storming* Konflikte bearbeiten und aushandeln, was in ihrer Klasse gelten soll (*Norming*), dann entwickelt sich eine konstruktive Arbeitsatmosphäre – nicht frei von Problemen, aber das Gestalten (Wünsche) kann nun größeren Raum einnehmen.

Gemeinschaft fördern

Wenn Regeln ausgehandelt und Streitigkeiten überwunden werden, dient dies der Klassengemeinschaft. Gemeinschaftsfördernd ist auch das Planen von Angelegenheiten, die die Klasse betreffen, wie: Klassenraumgestaltung, Sitzordnung, die Präsentation von Arbeitsergebnissen, das Planen von Ausflügen und Klassenfahrten. Hier macht es insbesondere ab Klasse 4 Sinn, flexibel mit der Struktur des Klassenrats umzugehen, indem zum Beispiel Kleingruppen gebildet werden, die in der Klassenratsstunde tagen und in der nächsten Sitzung ihre Ergebnisse zur Diskussion stellen.

Wenn Kinder sich gemeinsam für Anliegen, die sie unmittelbar interessieren, engagieren können, wirkt sich das auch auf den Einzelnen positiv aus.

Den Einzelnen stärken

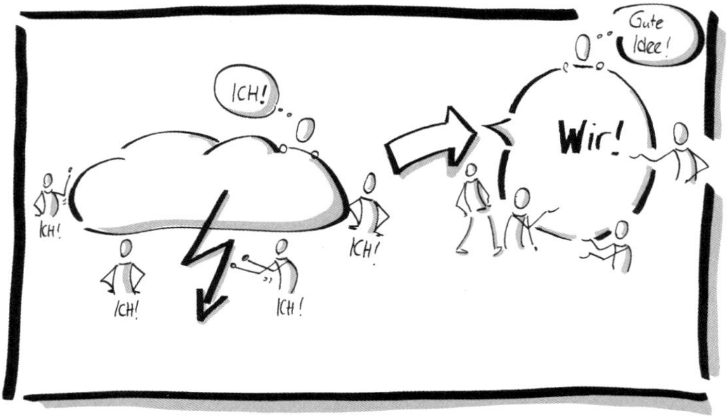

Hinzu kommt die Erfahrung: Die anderen interessieren sich für meine Sorgen und meine Verärgerung, ich werde gehört. Auch wenn der Klassenrat nicht jedes Problem lösen kann, erleben Kinder es als wertschätzend, mit ihren Anliegen ernst genommen zu werden.

Der Stärkung des Einzelnen dient auch der Punkt »Lob«, der – ob in Form einer positiven Runde oder als Rubrik auf der Wandzeitung – ein wichtiges Element des Klassenrats darstellt.

Klassenrat als sicherer Rahmen

Die anspruchsvollen Aufgaben, die mit Ämtern verbunden sind, können die Kinder bewältigen, weil der Klassenrat einen verlässlichen Rahmen darstellt mit klarer Struktur und verbindlichen Regeln.

Learning by doing

Der bedeutende amerikanische Pädagoge und Philosoph John Dewey (1859–1952) stand quasi Pate, als der französische Reformpädagoge Célestin Freinet (1886–1966) den Klassenrat entwickelte. Lernen müsse auf Erfahrung aufbauen, so eine Grundüberzeugung Deweys. Für den Klassenrat heute bedeutet das: Lassen Sie die Kinder Erfahrungen machen, in aller Unvollkommenheit, und Lösungen ausprobieren, von denen Sie der Überzeugung sind: »Das klappt niemals!« – und unterstützen Sie sie dabei, ihre Erfahrungen zu reflektieren. Was klappt schon gut? An welchen Stellen »hakt« es? Womit seid ihr zufrieden – und wofür brauchen wir neue Regeln?

DER ÄUSSERE RAHMEN

Klassenrat findet einmal pro Woche statt, eine Schulstunde lang. Ein verlässlicher Termin ist wichtig, denn den Schüler/innen wird Frustrationsaufschub zugemutet: Ihr Anliegen – etwa: der Streit aus der großen Pause – wird nicht sofort besprochen, sondern erst im nächsten Klassenrat. Wann dieser stattfindet, muss den Kindern bekannt sein.

Für den Klassenrat wird der Klassenraum umgestaltet, zum Sitzkreis. Dabei wird erlebbar: Nun findet etwas statt, was sich grundlegend vom Fachunterricht unterscheidet. Der Kreis ermöglicht, dass jeder jeden sieht, und er steht symbolisch für das, worum es im Klassenrat geht: die Gemeinschaft.

ABLAUF DES KLASSENRATS

Der Klassenrat enthält einige unverzichtbare Elemente:

- Eine ritualisierte Rahmung durch den Leiter: »Hiermit beginne/beende ich den Klassenrat.« Die Begrüßungsformel macht, im Zusammenspiel mit dem Errichten eines Sitzkreises, deutlich: Nun ist Klassenrat!
- Eine Verzahnung mit der SV, sofern es diese an Ihrer Schule gibt: Die Klassensprecher berichten aus der SV und stellen Themen zur Diskussion, für die sie ein Votum ihrer Klasse einholen sollen.
- Das Verlesen des letzten Protokolls, um zu überprüfen, ob die Beschlüsse korrekt wiedergegeben werden, und um zu reflektieren, inwieweit sich die im letzten Klassenrat getroffenen Absprachen bewährt haben.
- Es gilt: Das Gespräch über Konflikte und Vorschläge (»Wünsche«) soll grundsätzlich mit einer Lösung enden – ob diese tragfähig ist, wird die Zukunft zeigen. Sollte eine Absprache nicht funktioniert haben, wird nun erneut nach einer Lösung gesucht.
- In einem gemeinsam festgelegten Rhythmus werden die Klassenämter gewechselt (siehe »Ämter«).
- Als »Herz« des Klassenrats: die Diskussion über Kritik und Wünsche. Die Themen werden im Laufe der Woche gesammelt (siehe »Tagesordnung«). Grundsätzlich erhält zunächst derjenige das Wort, der ein Anliegen eingebracht hat. Handelt es sich um Kritik, darf direkt danach der Kritisierte seine Sichtweise darstellen. Dann erst bringen sich die anderen ein mit dem Ziel, zunächst das Thema besser zu verstehen, um dann Lösungsvorschläge zu entwickeln und das weitere Vorgehen zu entscheiden (per Abstimmung).

- Lob: Klassenrat ist auch ein Ort, an dem der Blick auf das Gelingende, Schöne gerichtet wird – nicht zuletzt, um der Dominanz von Kritik an Schulen entgegenzuwirken. »Ich lobe« ist eine Spalte der Wandzeitung (siehe »Tagesordnung«), kann darüber hinaus aber auch in Form einer »Positiven Runde« zu Beginn des Klassenrats Thema sein: »Worüber hast du dich in der vergangenen Woche gefreut?«

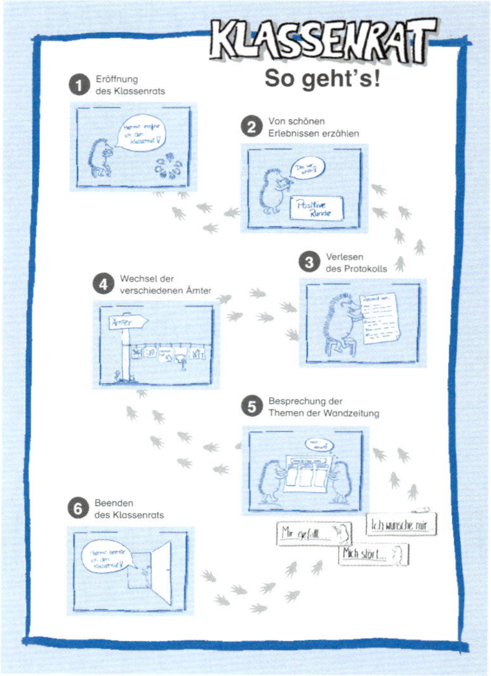

TAGESORDNUNG: THEMEN DES KLASSENRATS

Die Themen für den Klassenrat kommen weitgehend von den Schülerinnen und Schülern. Im Laufe der Woche können sie schriftlich benennen, worüber sie gerne im Klassenrat sprechen möchten. Grundsätzlich geht es um die drei Themenbereiche »Lob«, »Kritik« und »Wünsche«.

Wer etwas anschreibt, muss mit seinem Namen unterschreiben (»gez. Tim«) – anonyme Notizen werden nicht berücksichtigt. Unterstützt jemand ein Anliegen, darf er ebenfalls unterschreiben. Grundsätzlich gilt: Alle Einträge müssen respektvoll formuliert sein.

Wie können Themen gesammelt werden?

Für die Grundschule bieten sich zur Themensammlung vor allem die Wandzeitung (in der Tradition Freinets) oder ein Klassenratskasten an.

Wandzeitung
Die Wandzeitung ist ein Plakat im Format DIN A2, das im Klassenraum aushängt. Es enthält drei Spalten mit folgenden Überschriften: »Ich lobe« – »Ich kritisiere« – »Ich wünsche«. Unter jeder Überschrift hängt ein Din-A4-Blatt, auf dem die Kinder im Laufe der Woche ihre Anliegen eintragen können. Vor dem Klassenrat nimmt die Klassenratsleitung die Zettel ab.

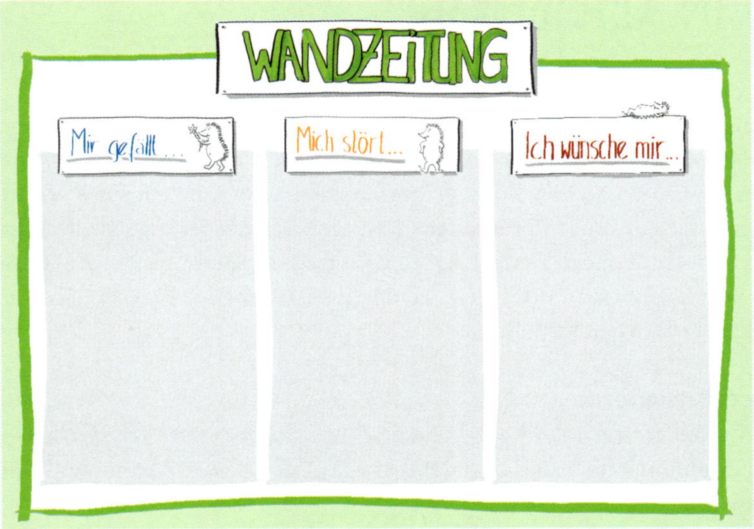

Klassenratsbriefkasten
Ein verschließbarer Kasten (z. B. Briefkasten, Geldschatulle) wird im Klassenraum aufgestellt, in den im Laufe der Woche Zettel mit Anliegen eingeworfen werden können. Sinnvoll ist es, einen Vordruck auszulegen (KV »Mein Anliegen für den nächsten Klassenrat«).

! ACHTUNG: In manchen Klassen gibt es einen »Kummerkasten«. Das entspricht nicht dem Geist des Klassenrats – Lob und Wünsche sind ebenso wichtig wie Kritik!

Erfahrungsgemäß wird die Spalte »Kritik« besonders rege genutzt. Dem kann entgegengewirkt werden, indem die Lehrkraft

a) Lob anschreibt – als Vorbild, dem erfahrungsgemäß die Kinder nacheifern – und
b) dazu anregt, Wünsche für das Zusammenleben (etwa: Planung eines Ausflugs oder Unterrichtsvorhaben, Klassenraumgestaltung) einzubringen.

Tipp: Sammeln Sie mit den Kindern Ideen, welche Wünsche Klassen haben können. Und üben Sie das Loben mit einer *positiven Runde*. Damit es nicht heißt »Ich lobe Lara, weil sie meine Freundin ist!«, kann der Beobachtungsauftrag für die nächste Woche lauten: »Achtet darauf, was euch in dieser Woche Freude macht und gut gefällt.« Dann heißt es am Beginn der positiven Runde: »Was hat euch in dieser Woche gut gefallen?«

ROLLEN IM KLASSENRAT

Klassenrat ist ein *Inversionsritual*, ein Ritual, in dem traditionelle Rollen auf den Kopf gestellt werden. Inwiefern? Im Klassenrat übernehmen Kinder Aufgaben, die im Fachunterricht den Lehrer/innen zufallen: Sie benennen Themen, haben den »roten Faden« in der Hand, nehmen dran, weisen Störer in ihre Grenzen, achten auf ein gutes »Zeitmanagement«. Diese Vielfalt von Anforderungen wäre eine Überforderung für die meisten Schüler/innen. Um sie dennoch in die Lage zu versetzen, Klassenrat leiten zu können, und um viele Schüler/innen zu beteiligen, werden die Aufgaben der Gesprächsleitung auf mehrere Schüler/innen aufgeteilt.

Die/der Klassenratsleiter/in
leitet die Sitzung: Sie/er begrüßt, liest die Themen vor, nimmt deren Verfasser/in dran, leitet zur Lösungsfindung über und beendet den Klassenrat. Sie/er bekommt als Hilfe das Blatt »Klassenrat – so geht's« in die Hand.

Die/der Assistent/in
führt die Rednerliste und erhält dafür ein Schreibbrett, um die Namen derer, die sich melden, zu notieren. Sie/er ruft die Redner der Reihe nach auf. Auch Lehrkräfte kommen in der Reihenfolge der Meldungen dran.

Die/der Protokollant/in
führt das Protokoll und verliest es am Beginn des nächsten Klassenrats. Sie/er orientiert sich an der Protokollvorlage.

Die/der Zeitwächter/in
achtet darauf, dass die einzelnen Runden in einem angemessenen zeitlichen Rahmen bleiben. Eine praktikable Vorgabe: Zehn Minuten pro Thema.
Zwei Minuten vor Ablauf der Frist hält der Zeitwächter bei Bedarf die Karte »Tempo« hoch – damit wird signalisiert: Wir müssen jetzt eine Lösung vereinbaren!

Die/der Regelwächter/in
ermahnt Kinder, die stören. Weil diese Aufgabe oft für Unmut sorgt, empfehle ich, zwei Kinder als Regelwächter einzusetzen.

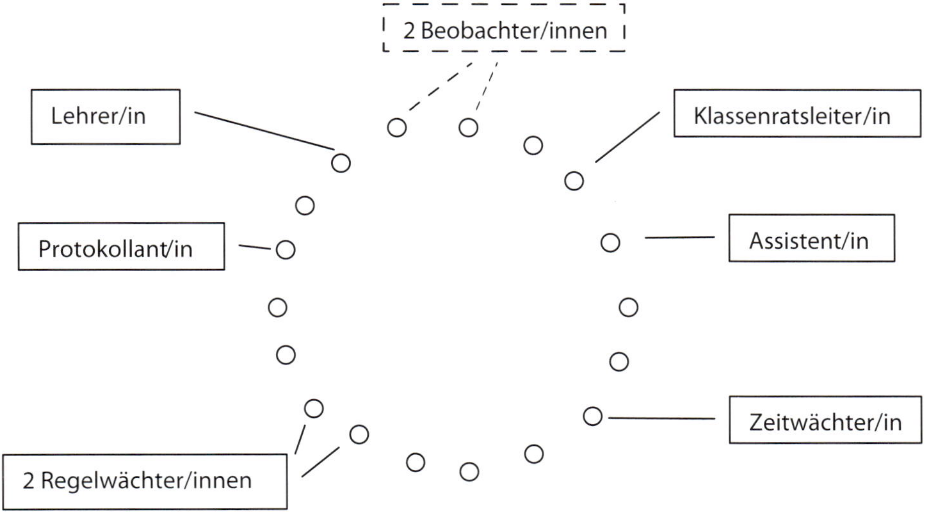

Die Regelwächter erhalten eine gelbe und eine rote Karte. Gelb signalisiert: Verwarnung, rot: fünf Minuten Auszeit. Wird ein Kind trotz gelber Karte nicht ruhig, kann ihm die rote Karte gezeigt werden. Dann muss sich das Kind, das gestört hat, für fünf Minuten auf einen Platz außerhalb des Kreises setzen und darf nicht mitdiskutieren oder abstimmen.

Die Beobachter/innen

Von Zeit zu Zeit kann es Sinn machen, dass zwei Kinder die Aufgabe übernehmen, den Klassenrat zu beobachten. Sie setzen sich außerhalb des Kreises, notieren, was ihnen auffällt, Gelungenes sowie Störendes, und berichten am Ende der Sitzung davon. Ihnen kann ein Beobachtungsthema vorgegeben werden: »Wie klappt es mit den Regeln?«, »Wer geht gut auf andere ein – und woran erkennt man das?«
Kritische Beobachtungen, die sich wiederholen, werden zum Anlass dafür genommen, im Klassenrat darüber nachzudenken, wie man gegensteuern kann.

ÄMTER: VERANTWORTUNG ÜBERNEHMEN

Jedem Kind sollte ermöglicht werden, Verantwortung für etwas zu übernehmen, was die gesamte Klasse betrifft. Diesem Prinzip liegen folgende Erfahrungen zugrunde:
Ein Amt zu haben hilft dabei,

- Verantwortungsbewusstsein zu entwickeln,
- Selbstbewusstsein zu gewinnen
- und sich mit der eigenen Klasse zu identifizieren.

Indem ein Kind sich für eine Aufgabe verantwortlich weiß, leistet es etwas für seine Klasse und trägt zum Gelingen des Zusammenlebens bei. Neben den für längere Zeit vergebenen Ämtern (Klassensprecher/innen, Klassenbuch) gibt es Ämter, die regelmäßig wechseln, wie

- Ämter des Klassenrats,
- Geburtstagsdienst (schmückt den Tisch von Geburtstagskindern, blättert den Geburtstagskalender um)
- Austeildienst (teilt Zettel aus und sammelt sie ein),
- Hausaufgabendienst (notiert die Hausaufgaben auf einem dafür vorgesehenen Bereich der Tafel),
- Blumendienst,
- Klassenbücherei-Dienst,
- Energiedienst (zuständig für Licht und kontrolliertes Lüften),
- Mediendienst (besorgt und bedient Medien).

Zu Beginn des Klassenrats werden Ämter neu vergeben. Bewährt hat sich das Prinzip: Mädchen geben ihr Amt an Jungen weiter, Jungen an Mädchen. Damit Kinder sich in ihr Amt einarbeiten können, ist es sinnvoll, die Ämter mindestens zwei Wochen beizubehalten.

Tipp: Wenn sich für ein Amt kein Freiwilliger findet, sollten nicht Sie als Lehrkraft, sondern die Schüler/innen eine Lösung finden. Hier ist der Klassenrat gefragt! Können wir auf das Protokoll verzichten? Wenn nicht: Wie kann eine gerechte Lösung aussehen?
Eine meiner Klassen hat überlegt: Viele wollen leiten, niemand protokollieren. Deshalb mussten – Beschluss des Klassenrats – fortan diejenigen, die Klassenratsleiter werden wollten, zuvor protokollieren.

Um Transparenz zu schaffen und die Verbindlichkeit zu erhöhen, sollte öffentlich sichtbar sein, wer aktuell welches Amt innehat.

Tipp: Ämterplakat
Auf dem Plakat sind die verschiedenen Ämter zu lesen; die Namen der Kinder werden auf Wäscheklammern geschrieben (je Kind drei bis vier Klammern; beachte: Wäscheklammern so beschriften, dass sie zum Teil links, zum Teil rechts ans Plakat geheftet werden können). Während die Ämter neu verteilt werden, heften zwei Kinder die aktuellen Namen an.

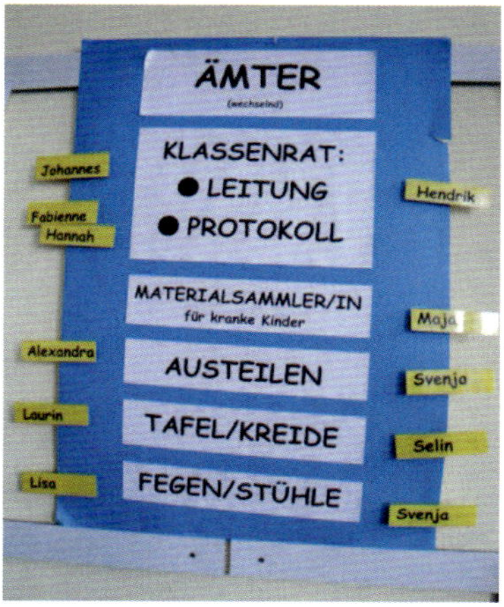

ALS LEHRERIN/LEHRER IM KLASSENRAT

Als Lehrer/in sollten Sie sich bemühen, weitestgehend wie »normale Teilnehmer« zu agieren: Sie melden sich, wenn Sie etwas sagen möchten, und werden von der Klassenratsleitung der Reihenfolge der Meldungen entsprechend drangenommen. Haben Sie ein eigenes Anliegen, dann müssen Sie es wie die Kinder auf die Wandzeitung schreiben.

Dennoch wäre es naiv zu meinen, dass Lehrende sich vollständig in eine Schülerrolle begeben könnten. Als Lehrer/in werden Sie im Klassenrat zu einer Art Lernbegleiter, indem Sie

- die Klassenratsleitung bei Bedarf unterstützen,
- von Zeit zu Zeit zur Reflexion und bei Bedarf zur Veränderung von (Verfahrens-)Regeln anregen,
- Einzelne ermutigen, Aufgaben zu übernehmen oder ihre Meinung zu äußern,
- darauf achten, dass Beschlüsse sich im Rahmen dessen bewegen, was pädagogisch verantwortbar ist (Beispiel: Wenn »Strafzahlungen« vorgeschlagen werden, interveniert die Lehrkraft; wenn Ausflüge vorgeschlagen werden, die rechtlich nicht zulässig sind – etwa ein Wandertag ins Schwimmbad, sofern die Aufsicht nicht durch Sportkolleg/innen übernommen werden kann –, informiert die Lehrkraft über die rechtliche Lage oder macht darauf aufmerksam, dass die Klasse sich vor weiteren Schritten diesbezüglich informieren muss),
- dafür sorgen, dass die Regeln eingehalten werden (Beispiel: Wenn über jemanden gesprochen wird, der nicht anwesend ist, meldet sich die Lehrkraft mit zwei Fingern zur Geschäftsordnung und erinnert an die Regel »Wir sprechen nur über Anwesende«).

Darüber hinaus leiten Sie in den ersten Wochen den Klassenrat, um den Schüler/innen eine Vorstellung davon zu vermitteln, wie man solche Sitzungen leitet. Nach und nach geben Sie Aufgaben – als Ämter – an Schüler/innen ab (vgl. dazu die Info-Karte: »Klassenrat einführen – der 5-Schritte-Plan«).

REGELN

Zwei Arten von Regeln sind zu unterscheiden: Verfahrens- und Verhaltensregeln.

Verfahrensregeln

Besprochen werden nur die Themen der Wandzeitung.
Neben organisatorischen Gründen spricht für diese Regel, dass sie Kinder schützt, die oft kritisiert werden: Gerne führen Mitschüler bei Kritik weitere »Vergehen« dieser Kinder an, um damit zu untermauern, dass sie »schuld« seien. Das widerspricht dem Wesen des Klassenrats. Es sollte immer um die Sache gehen, nicht um die Person. Zentral ist die Frage: Wie wollen wir in Zukunft miteinander umgehen?

Wir sprechen nur über Anwesende.
Dieses allgemeine Fairness-Prinzip gilt auch in Bezug auf Lehrkräfte: Sind sie nicht anwesend, dann sprechen wir im Klassenrat nicht über sie, sondern besprechen lediglich, wie die Klasse mit ihrem Problem umgehen möchte.

Wenn ich etwas zum Gesprächsverlauf sagen möchte, melde ich mich mit zwei Händen – dann werde ich als Nächste/r drangenommen.
Diese Regel ermöglicht es, dass jeder – Kinder wie Lehrer/in – sich metakommunikativ einbringen können mit Hinweisen wie: »Es werden jetzt Vorschläge wiederholt, die wir schon hatten – ich finde, wir sollten nun abstimmen!« oder: »Einige von euch haben geschildert, wie die Situation aus der Sicht von Lea aussieht – ich fände es wichtig, nun zu überlegen, wie sich Anika wohl in dem Streit gefühlt hat.«

Verhaltensregeln

Im Klassenrat gelten die allgemein üblichen Gesprächsregeln: aufmerksam zuhören, keine Seitengespräche, niemanden auslachen, nicht reinrufen. Hinzu kommen als Regeln:

Ich spreche den anderen direkt an (»Du«) und spreche nicht über ihn!
Dieses Prinzip muss eingeübt werden – das direkte Ansprechen sind Kinder meist nicht gewohnt. Es reicht an dieser Stelle eine kurze Erinnerung: »Sag's ihr/ihm direkt!« oder einfach »Du!«, wenn ein Kind seine Kritik an einem anderen in der dritten Person formuliert (»Lars hat ...«).

Was im Rahmen des Klassenrats besprochen wird, bleibt in unserer Klasse – ich erzähle nichts weiter!
Im Klassenrat geben Kinder Einblick in ihre Gefühle und Gedanken. Deshalb sollten sie sich darauf verlassen können, dass Kinder anderer Klassen davon nichts erfahren. Dass das nicht immer klappt, ist naheliegend – aber es entlastet Kinder, wenn sie sich auf ein Recht berufen können, falls jemand Persönliches über sie weitererzählt hat.

EVALUATION

Es gibt Prinzipien, die erfüllt sein müssen, damit eine »Klassenstunde« den Namen »Klassenrat« verdient. Dennoch gibt es nicht »den Klassenrat« – er ist ein Ritual mit viel Gestaltungsfreiheit.
Sind die Kinder damit zufrieden, wie ihr Klassenrat läuft? Was könnte besser sein – und was macht sie stolz? Es dient der Qualität des Klassenrats, diesen von Zeit zu Zeit mit der Klasse zu evaluieren. Auch macht es Sinn, Schüler/innen gelegentlich zum Nachdenken über ihr Verhalten im Klassenrat anzuregen.

Sie finden in diesem Praxisset zwei Evaluations-Zielscheiben. Diese dienen dazu, den Klassenrat anhand vorgegebener oder selbst formulierter Kriterien zu bewerten, um anschließend gemeinsam Möglichkeiten der Optimierung zu entwickeln.
Eine Zielscheibe wurde bereits mit Fragen versehen, die andere ist blanko, damit die Klasse eigene Aspekte auswählen kann, zu denen sie die Meinungen der Kinder einholen will. Wichtig ist, dass nach der Auswertung ein offenes Gespräch mit der Klasse geführt wird zu den Fragen:

- Welches Ergebnis ist so ausgefallen, wie ihr es erwartet habt?
- Was hat euch überrascht?
- Was gelingt uns zurzeit gut?
- Welches der schlechteren Ergebnisse möchtet ihr am schnellsten verändern?

Anschließend werden Gründe für das Problem gesucht, das verändert werden soll. Dann werden Ideen für eine Verbesserung entwickelt, ein bis zwei Maßnahmen per Abstimmung verabredet und im Protokoll festgehalten. Ein Aktionsplan legt fest: Wer macht was mit wem bis wann?

Tipp: Die Evaluations-Zielscheibe zum eigenen Verhalten im Klassenrat kann in größeren Abständen (etwa: einmal pro Monat) eingesetzt werden. Die Blätter werden gesammelt, einmal im Halbjahr erhält jedes Kind Einsicht in seine Zielscheiben, um zu sehen, wie es sich entwickelt hat.

Hinweis: Ausführlichere Formen der Evaluation finden Sie in meinem »Praxisbuch Klassenrat«. Ebenfalls empfehlenswert sind die schulstufenspezifischen Fragebögen des Hessischen Kultusministeriums mit Auswertungshilfen (Näheres unter Literaturhinweise).

LITERATURHINWEISE*

Verwendete Literatur

Flyer zur Shell Jugendstudie 2015: www.shell.de/ueber-uns/die-shell-jugendstudie-2015/multimediale-inhalte/_jcr_content/par/expandablelist_643445253/expandablesectionstream/1456210165334/d0f5d09f09c6142df03cc804f0fb389c2d39e167115aa86c57276d240cca4f5f/flyer-zur-shell-jugendstudie-2015-auf-deutsch.pdf

Friedrichs, Birte (2014): Praxisbuch Klassenrat. Gemeinschaft fördern, Konflikte lösen, Weinheim und Basel: Beltz, 2. Auflage

KMK (2009): Stärkung der Demokratieerziehung. In: https://www.kmk.org/fileadmin/Dateien/veroeffentlichungen_beschluesse/2009/2009_03_06-Staerkung_Demokratieerziehung.pdf

UN_Kinderrechtskonvention(1989): www.kinderrechtskonvention.info/beruecksichtigung-der-meinung-des-kindes-3518/

Empfehlenswerte Filme zum Klassenrat

»Demokratielernen in der Schule: Klassenrat in Grundschule und Förderschule«, hg. von Gewaltprävention und Demokratielernen (GuD), Projekt des Hessischen Kultusministeriums, zum Preis von € 5,- zu beziehen über: Regina Heil, Regina.Heil@kultus.hessen.de

» ›Demokratie von Anfang an‹ – die Grundschule Süd in Landau« und »Mehr Demokratie … durch den Klassenrat an der Erich Kästner Realschule plus Ransbach-Baumbach«, beide Filme sind zu beziehen über die Serviceagentur Ganztägig lernen Rheinland-Pfalz, per Mail an Jürgen Tramm (j.tramm@ganztaegig-lernen.de), online unter http://www.rlp.ganztaegig-lernen.de/Bibliothek/Filme

Daumenprobe – Kinderkonferenzen an Hamburger Schulen, https://www.youtube.com/watch?v=t30KS87i2OY

Fragebögen zur Evaluation des Klassenrats

Fragebögen, schulstufenspezifisch, mit Auswertungshilfen, erstellt durch die Hessische Lehrkräfteakademie, abrufbar unter: https://la.hessen.de/irj/LSA_Internet?cid=18fd510dead41657acaa995f14f6537e

* Die Links wurden zum Zeitpunkt der Publikation geprüft

rte Friedrichs

Praxisbox Klassenrat für die Grundschule

BELTZ

Dr. Birte Friedrichs ist Gymnasiallehrerin für die Fächer Deutsch, evangelische Re
lendes Spiel und ausgebildete Beratungslehrerin. Neben ihrer Unterrichtstätigke
gymnasium in Kassel ist sie Pädagogische Mitarbeiterin am Institut für Erziehungsw
der Uni Kassel. Außerdem führt sie regelmäßig Fortbildungen mit Lehrer/innen alle
und Studierenden zu Themen wie Klassenrat, Klassenleitung, Unterrichtsstörungen u
Unterrichtsmethoden durch.

Dieses Praxisset ist erhältlich als:
ISBN 978-3-407-63030-8 Print

Lektorat: Miriam Frank
Herstellung: Michael Matl
Illustrationen: © Birte Friedrichs
Umschlagabbildung: © Volker Zeller; Grundschule am Heideweg, Kassel, Klasse 4a
Umschlaggestaltung: Antje Birkholz
Druck und Bindung: Pario Print, Kraków
Printed in Poland

Weitere Informationen zu unseren Autoren und Titeln finden Sie unter: www.beltz.de